世界の神々100

沖田瑞穂
Okita Mizuho

ちくま新書

JN052756

1774

はじめに

私は神話学者である。日本でも数人しかいない、このめずらしい学問に取り組んでいる私が、最も好きな神は誰かと聞かれたとき、「ドゥルガー女神」と答えることにしている。インドの女神で、美しく強く、悪魔たちを圧倒する力を持つ最強の女神だ。カーリーという恐ろしく醜い女神と表裏一体であることも、ドゥルガーを好きな理由だ。神話的観念において美醜は表裏一体である。ドゥルガーやカーリーを見ていると女性として生きる力が湧いてくる。

私の足場はインド神話にある。そこを中心に、世界の神話との比較をする。そこで世界中の神話に目を通すことになる。すると、世界には地理的に遠く隔たっていても似た神々がいたり、逆に地域ごとの特徴的な神々がいたりすることに気づく。

世界にはさまざまな神々がいる。世界を統《す》べる王者、戦闘を司る戦神、地上に豊穣《ほうじょう》をもたらす生産の神、そして女神たち。また、技術や医術を司る神、意図せずに世界に秩序をもたらすトリックスター神や、人間の死を司り冥界《めいかい》に君臨する死神もいる。

本書では世界の神話に登場する主要な神々を100神ピックアップした。選考基準はあくまで筆者の独断であるが、似た神が重ならないようにという点に配慮した一方で、地域を越えても不思議に似ている神がいるというのも神話では面白いところなので、そういったことも記述している。地域も偏らないように工夫した。

もしかすると読者の中には、神話とは美しく清らかで高尚な話だと思われている方がいるかもしれない。しかしその思いは、神話を知れば知るほど裏切られていく。神話は、道徳でも倫理でもない。逆に残酷さにあふれていたり、汚かったりもする。原初の荒々しい暴力的なまでの力を描かずして、神話の世界創造はあり得ないからだ。それは世界創造以外の神話にも当てはまる。神話とは、残酷なものなのだ。さらに言うと、神話はエロスに満ちている。原初の時のエロスが、世界創造の役割を果たす場合もあるのだ。暴力とエロス。神話は決してきれいごとではない。

本書では神話の神々を紹介していくが、分類はすでに挙げたように、基本的に神の職能別に以下の七つに区分してある。それぞれを章構成としている。

1　主神

2　戦神・英雄神
3　豊穣神
4　女神
5　技巧神・医神
6　トリックスター（いたずら者の神）
7　死神

読者は、興味のある章から、あるいは気になる神から、など自由に好きな所から読み進めてもらいたい。解説は各項完結であるので、どこから読み始めてもらっても構わない。巻末には神の名で引ける索引を付した。

なお右に示した1から3の三つは、フランスの比較神話学者デュメジルが提唱した、インド＝ヨーロッパ語族の神々に適用される三区分である。1は聖性・主権・法を表わす第一機能、2は戦闘における力を表わす第二機能、3は生産性・豊穣を表わす第三機能と呼ばれるものである。明確に三区分の世界観を持つのはインド＝ヨーロッパ語族のみであるが、その分類自体は他地域にも有効と考えて、ここに応用した。

当然のことながら、世界には多くの神々がおり、それぞれの特徴や職能を持つ。そのすべてを本書に収めることは不可能であるし、分類も万能ではない。しかしここで取り上げる神々とその分類によって、世界の神々の性質や傾向をわかりやすく示すことはできたと思う。

また、コラムにおいては、項目として取り上げなかった「神話に出てくる人間」について見ていくことにする。人間もまた、神話の中でおもしろい役割を持っている。

本書によってさらなる神話の世界に踏み出していただけたら、これほど嬉しいことはない。

本書の刊行を引き受けてくださった筑摩書房と、編集担当の伊藤笑子さんにお礼を申し上げる。本書を、新書という手に取りやすい形で世に出していただけることを、ほんとうに嬉しく思っている。

夫と父にはいつも心の支えとなってもらっている。ありがとう。

二〇二三年十月　老猫ロシムに寄り添いながら

沖田瑞穂

世界の神々100【目次】

〔凡例〕

＊本文各項の見出しの体裁は次の通りです。

章番号－項番号

神の名前【神話の地域、民族、または宗教／神の性別】

＊本書で立項されている神が他の項目中に言及された場合には、文中にゴチック体で**（章番号－項番号）**を示しました。

〔初出情報〕

本書は2023年3月から11月まで「Webちくま」で連載した『世界の「推せる」神々事典』に大幅に加筆して編集・再構成したものです。大部分は書き下ろしです。

第1章

主神――世界を司る神々

創造神、最高神などをここに分類した。創造神は最高神ではない場合もある。つまり、創造したからにはその役割をすでに終えており、以降人々の前に現われることもなく、隠れ世に隠遁するという場合だ。その後の世界を支配する最高神、主神は創造神の子孫である場合もあるが、そうでないこともある。

ゼウスとテティス(アングル作、19世紀)

1―1

アフラ・マズダー【ゾロアスター教／男神】

善なる神

ゾロアスター教の最高神。すべてのものの父であり、太陽と月の道を定め、人間と動植物を生み出した。高い知識と、不死の力を持っていた。後期の文献ではオフルマズドの名で出てくる。

†三千年ごとの時代周期

あらゆる善を体現する神として、悪から完全に引き離されている。ゾロアスター教の悪の化身はアフリマンであるが、彼はオフルマズドと直接接触することはない。そしてオフルマズドは永久不滅であるが、アフリマンはいずれ滅び去る運命にある。ある時アフリマンはオフルマズドの存在を知り、彼を攻撃した。この戦争は和解によって終結したが、それは最終的にアフリマンの破滅を確実なものとした。

正統派ゾロアスター教の伝承によると、世界は一万二千年間あり、三千年ごとに分けられている。最初の三千年は創造の時代、次の三千年はオフルマズドの思う通りに進み、三番目の三千年は善と悪の混合した時代で、最後の三千年の時にアフリマンが滅亡する。

オフルマズドの創造は、まず天空、水、大地、植物、動物を造り、最後に人間を造った。他方のアフリマンは造り損ねて、狼、カエル、つむじ風、砂嵐など悪しきものを生み出した。

†神話におけるさまざまな宇宙的時間

宇宙的時間が推移していくという神話的時間の観念は、インドやギリシア、メソアメリカにも見られる。インドには「ユガ」と呼ばれる四つの宇宙期があり、最初から、クリタ・ユガ、トレーター・ユガ、ドゥヴァーパラ・ユガ、カリ・ユガと移り、カリ・ユガの最後に世界が滅亡するが、また創造されてクリタ・ユガが始まる。世界はだんだん悪くなると考えられている。ギリシアでは人間の五つの時代があったことになっている。最初は黄金の時代、次に白銀、青銅、英雄、鉄、というように世界が推移する。メソアメリカでは、太陽が時代ごとに移り変わる。それぞれの太陽は神が犠牲になって創られたので、人々はその神に生贄《いけにえ》を捧げることで満足させた。

一万二千年の時間を三千年ごとに分割するゾロアスター教の時間の観念も、このような他地域にも見られる宇宙的時間の推移として捉えることができるだろう。

1-2

アマテラス【日本／女神】

主神の中でただひとりの女神

日本の皇室の祖先神とされるアマテラスは、日本の神界における最高女神である。そもそも最高神が女神というのはまれな現象だ。ギリシアのゼウス（1-9）、北欧のオーディン（1-6）、メソポタミアのマルドゥク（1-17）など、世界の神話で最高神はほとんどが男神である。女神の最高神を戴いているというのは日本の神話の大きな特徴と言えるだろう。

アマテラスの主要な神話として、父神からの誕生、処女にして母なる女神となること、岩屋籠《ごも》り、国譲りの神話で主導権を発揮すること、などがある。

†太陽の女神の「岩屋籠り」

『古事記』によれば、アマテラスは父神イザナキのみから生まれた。イザナキは妻イザナミ（7-2）から逃れて黄泉《よみ》の国から帰ってくると、川で禊《みそぎ》をした。その時さまざまな神々が生まれたが、イザナキが左の目を洗うとアマテラスが、右の目を洗うとツクヨミが、鼻を洗うとスサノオ（6-5）が誕生した。父神から生まれたという点では、ギリシアのアテナ（2-1）に似ている。またアマテラスは結婚しない処女の女神で、しかも通常の性行為によらずにスサノオとの間に子をもうけているので、処女母神という矛盾した役割も引き受けている。

アマテラスの最も重要な神話はなんと言っても「岩屋籠り」の神話であろう。アマテラスがスサノオのいたずらに心を痛めて岩屋に籠もると、世界中が暗闇に閉ざされて神々も人間も窮地に陥った。神々は相談をしてアマテラスを岩屋から引き出すためのお祭りを計画し、鶏を連れてきて鳴かせ、鏡と玉を作らせて榊《さかき》にかけてお祭りを始めた。アメノウズメ（4-1）という女神が衣をはだけて踊ったので八百万《やおよろず》の神々は大笑いした。アマテラスは不審に思って岩屋の戸を少し開けて外を覗《のぞ》いた。その隙間から鏡を見せられて、不思議なものだと思って近づこうとしたところを、手を取られて岩屋から引き出された。こうして地上も天界も光を取り戻して明るくなった。

アマテラス（北斎の素描に基づく。18世紀）

アマテラスは太陽の女神であるので、

その太陽が岩屋に籠もると世界が暗闇に閉ざされるというこの神話は、何か実際の自然現象を反映しているように思われる。日蝕《にっしょく》と冬至が、その関連する自然現象ではないかと言われている。日蝕は分かりやすいが、冬至というのは、太陽が冬に最も力を弱める日であり、太陽が力尽きて翌朝昇ってこないのではないかと、古代の人々は非常に恐れた。そこでお祭りを行ったのだ。その冬至への恐怖が反映された神話と解釈できる。

類似の神話としては、ギリシアで大地女神デメテル（3-10）が誘拐された娘神を想って岩屋に籠もったので大地に実りをもたらさなくなったという神話があり、アマテラスの岩屋籠り神話との系統的関連が指摘されている。

†処女母神の子孫が天皇に

アマテラスはまた、皇祖神としても機能する。彼女は地上の葦原中国《あしはらのなかつくに》を治めるオオクニヌシ（3-5）に何度も使いを遣《や》って、自分の子供のために国を譲るよう要求した。最初の使者であるアメノホヒは三年経っても天界に報告をしなかった。オオクニヌシに媚《こ》びへつらっていたのだ。そこで次にアメワカヒコを降したが、こんどは八年経っても報告をしなかった。すると神々は雉《きじ》の鳴女《なきめ》に理由を問いただすことを命じたが、アメワカヒコはこの雉を射殺してしまった。アマテラスと共に国譲りを主導していたタカミムスヒが返し矢を放ち、アメワカヒコを殺害した。

最後の使者となったのが剣の神タケミカヅチ（2-8）である。彼はオオクニヌシの子であるタケミナカタを力で圧倒した。もう一人の子であるコトシロヌシは地上を天の神に献上することに同意した。これらを受けて、オオクニヌシも国譲りに同意し、アマテラスの子孫に地上世界の支配権が渡ることとなった。

アマテラスの子であるアメノオシホミミが地上に降る準備をしていると、彼に子が生まれたので、代わりにこの子を地上に降すことにした。これがホノニニギであり、その子孫が代々の天皇の系譜につながっていくことになる。

†性別を超越した主神

父神のみから生まれた点や、自身が処女にして母となった点などを併せて考えると、アマテラスには性的な特徴が薄い。また彼女はスサノオが天上世界に昇ってきた時に男装して武装していることも、性別からの超越が認められる。アマテラスは世界の神話の中で数少ない女神の主神であるが、それと引き換えに、性的な表現から遠ざけられているように見える。

1―3

ヴァルナ【インド／男神】

古く恐ろしい呪術を操る至高神

インド最古の宗教文献『リグ・ヴェーダ』（紀元前一二〇〇年頃）における至高神。不可思議な力「マーヤー」を操る恐るべき神。

†自然の秩序を守る水の神

もともと天空の神であったが、後に水界の神となった。天空の神として、サンスクリット語で「リタ」と呼ばれる宇宙の理法を護《まも》る役割を担った。リタとは、自然の秩序でもあり、道徳的な秩序でもある。ヴァルナはこの両方を司る。天地を測量して、宇宙を創造したともされる。人間が守るべき法（ダルマ）を司るミトラ神と対をなすことが多い。

ヴァルナは「アスラ」の筆頭である。アスラとは、後に悪魔とされるが、『リグ・ヴェーダ』の段階では特別な力を持つ神々の一群を指した。その特別な力とは「マーヤー」と呼ばれる不可思議な力である。

後の叙事詩において、ヴァルナは水の神として現われ、以前のような至高神としての性格は失われた。仏教を通じて日本にも伝来し、「水天」と呼ばれている。

†ヴィシュヌとの共通点

ヴェーダの至高神ヴァルナは、ヒンドゥー教の最高神ヴィシュヌ（1-4）と似た性質を持つ。まずどちらも「水界」の支配者である。ヴァルナは水を支配し、ヴィシュヌは原初の海にたゆたう。またどちらもマーヤーの使い手である。ヴィシュヌが用いるマーヤーは他のアスラなどが使う幻術などとは水準が異なり、世界を造り、それを維持し、最後の時にそれを回収する力、それがすべてヴィシュヌのマーヤーであるのだという。ヴァルナのマーヤーもまた、世界を創り出す力であるとされた。

ヴァルナとヴィシュヌは水とマーヤーという点で共通点を持ち、これはおそらくインドの人々が求めた最高神の資質なのだろうと推論するところである。

ヴァルナ（中央）

1-4

ヴィシュヌ【インド／男神】

世界を内包する悠久の神

ヒンドゥー教の三大主神の一人。ヒンドゥー教の思想では、ブラフマー神（1-16）が創造した世界をヴィシュヌが維持管理し、やがて時が来るとその世界をシヴァ神（1-8）が破壊するとされる。ヴィシュヌはヒンドゥー教よりも古いヴェーダの神話にも現われるが、そこではインドラ神（2-4）を助けて「三歩をあゆむ」という不思議な特徴を与えられている。ヒンドゥー教に至って力を増し、主神の地位を獲得することになった。妃神はシュリー（4-7）、あるいはラクシュミー。仏教で吉祥天として知られている女神である。

†さまざまな化身として降臨

ヴィシュヌの特徴は何より多くの化身を有することにある。化身とはサンスクリット語で「アヴァターラ」といい、「降下」の意味である。神が人を救うため、天から地上に降りてくる、ということである。猪《いのしし》、人獅子、亀、こびと、英雄ラーマ（2-14）やクリシュナ（6-3）など、様々な化身が知られている。

こびとの化身の神話を見てみよう。悪魔のバリが世界を支配していた。ヴィシュヌはこびとの姿になってバリのもとへ行き、「三歩によって覆るだけの土地をください」と言った。バリは謙虚な願いと思い、喜んで「よかろう」と言った。するとヴィシュヌは一歩目で大地を、二歩目で天を歩み、三歩目をバリの頭において、悪魔の一族を地底に追いやった。この神話には、「三歩をあゆむ」というヴェーダ以来のヴィシュヌの特徴が反映されている。

世界そのものがヴィシュヌ神の内にあるとする神話もある。そこではヴィシュヌは原初の大海に憩い、その体内において世界のすべての営みが展開されている。次のような話だ。マールカンデーヤという聖仙がいた。彼は非常に長寿であった。世界は終末の時を迎えていた。マールカンデーヤは世界が衰退していく様子をすべて見ていた。七つの燃え立つ太陽があらゆる水を干からびさせ、世界は燃やされ灰になる。終末の火サンヴァルタカが世界を焼き、地底界をも焼く。すると多彩な色をした雲が立ち、火を鎮《しず》め、世界を水浸しにする。世界は、大海原に帰す。

その大海原を、マールカンデーヤは長い間たった一人で漂っていたが、どこにも休むところが見つからなかった。ある時、大きなバニヤンの樹（ベンガル菩提樹）を見た。そこに神々《こうごう》しい椅子があり、一人の童子が座っている。童子は「わたしの体内に入って休みなさい」と言って口を開けた。マールカンデーヤはその中に入っていって、そこに世界のすべてがあるのを見た。月や太陽で照らされた世界、川も海もあり、四つの階級の人々が正しく生活している。神々も聖仙も悪魔たちもいる。百年以上もさまよったが、マールカンデーヤ仙はどこにも出口を見出すことができなかった。そこで偉大なヴィシュヌ神に祈りを捧げると、その口から外に吐き出された。その童子こそ、ヴィシュヌ神その方であったのだ。

ヴィシュヌが世界の始まりの時から終末を迎えた後にも悠久に存在し続ける神であることが語られている。このようにインドの神話、とくにその時間と空間の観念はきわめてスケールが大きく、他の地域に類例を見ない。

†神や巨人の「中」でわたしたちは生きている

自分が生きているこの世界は、もしかしたら神の身体の内側かもしれない——。私はこの話を読んで、漫画『進撃の巨人』(諫山創《いさやまはじめ》作)を思い出した。『進撃の巨人』では、人々は高い「壁」の中に住んでいて、外側にいる巨人たちから守られている。しかしその「壁」は、実は巨人の身体そのものからできているのだ。神や巨人の「中」でわたしたちは生きている、という共通点が、インド神話と現代日本の創作に共通している。

1-5

ウルゲン【シベリア／男神】

言葉で世界を創造した

南シベリアのテュルク民族（トルコ系諸民族）の至高神。天界に住むテングリと呼ばれる天の神。

†「大地よ、現われよ」

最初の時、ただウルゲンだけがいた。海の上で、彼は心で「前でつかめ」という声を感じ、自分の前で両手を抱きかかえた。すると、石が現われ、彼はこの石の上から、言葉を発して世界を創造した。「大地よ、現われよ」「天よ、現われよ」。そして「前でつかめ」という言葉を繰り返すと、草木と人間が造られた。

†言葉の力、言葉の呪い

ウルゲンが言葉で世界を創造したとする部分は、『旧約聖書』の神と似ているところがある。『旧約聖書』の神もまた、「光あれよ」「大水の間にひとつの大空ができて、大水と大水の間を分けよ」などの言葉を発して、世界を創造した。言葉というものに創造の力があるものとされている。

言葉が呪力を持つ、という神話はいくつかある。エジプトではイシス女神（4-2）が言葉の魔術を操り、言葉の力で太陽神ラー（1-18）の身体から蛇の毒を取り除いてやり、そのことでラーのほんとうの名前を手に入れて、大女神となった。ケルトでは、カルブレという詩人が、自分を歓待しなかったブレス王を風刺する歌を作って広めたため、ブレスは王位を降りることになった。日本では「四」が「死」に通じるとして忌避されることがあるのも、ある種の言葉の呪力であろう。

インドでも言葉の力が重視されており、神話でしばしば聖仙やバラモンが言葉による呪いを発する。たとえば「蛇になれ」と呪われたならば、必ず蛇になる。呪いを発した本人もそれを反故《ほご》にすることはできないとされた。

1-6 オーディン【北欧／男神】

恐るべき魔術神

北欧ゲルマンの神話の主神で、知恵と魔術の神、戦いと死の神である。特徴的な宝物として、八本脚の馬スレイプニル、決して的を外さない槍グングニル、九夜ごとに同じ重さの金の腕輪を滴《したた》り落とす腕輪ドラウプニルを所有している。図像においては二頭の狼とワタリガラスを従えていることが多い。

オーディン。肩には二羽のワタリガラス。片方の目はミーミルの泉にある

†戦死者たちが集い、もてなされる場所

オーディンの配下には「戦死者を選ぶ女」であるヴァルキュリアがあり、オーディンは彼女たちをあらゆる戦いに送る。彼女らは人々に死の運命を選り定めて勝利を決する。ヴァルキュリアが死を定める戦士は王侯や選り抜きの勇士たちで、彼らは最後の運命の際に神々を援助する味方として、

ヴァルホルに迎えられ、ヴァルキュリアのもてなしを楽しむ。

ヴァルホルとは戦死した男たちのための場所で、そこでは戦死した勇士たちはエインヘリャル（「独りで戦う者」）と呼ばれる。大勢の戦士たちが集められているが、それでも宿敵である狼フェンリルと戦うには少ない。ヴァルホルにはセーフリームニルという牡豚がいて、毎日煮られて食べられるが、夕方には生き返る。

†知恵や魔術を手に入れるためには何事も厭わない

オーディンはルーン文字の発明者とされる。ルーンとは北欧に伝わる特殊なアルファベットで、古ノルド語で「文字」の意、他に「秘密の知恵」という意味もある。ルーン文字そのものに大いなる神秘が込められているとされた。オーディンは世界樹ユグドラシルと思われる大木に吊り下がり、飢えと渇きに苦しみながら、忘我の境地で秘密の知識であるルーン文字を手に入れた。オーディンが「首吊りにされたもの」と呼ばれるのはこのためである。オーディンは価値のある知恵を手に入れるために自分の体を損なうことも辞さない。オーディンはミーミルという知恵の泉から水を飲むために、その泉を守るミーミルという名の男に、泉の水の代価として自分の片目を取り出して担保に入れて、ようやく一口飲ませてもらった。そのため、オーディンの片目は今もミーミルの泉にある。

「詩人の蜜酒」という、それを飲むと誰でも詩人になれる蜜酒を手に入れるために、巨人のもとで半年間働いたという話もある。労働の対価を巨人に求めたが交渉が決裂したので、オーディンは自ら詩人の蜜酒のある岩屋にもぐりこみ、蜜酒を守る巨人女のグンロズのもとに三夜滞在し、蜜酒を三口飲むことを許されると、その三口で全ての蜜酒を呑みこみ、鷲《わし》の姿になって飛び去り、神々のもとに蜜酒をもたらした。

このようにオーディンは特別な「知恵」や「魔術」を手に入れるために、労働も、自身を損なうことすらも惜しまない、正真正銘の魔術神であると言える。オーディンは世界の最後の時に、巨人族との最終戦争ラグナロクにおいて宿敵のフェンリル狼と戦うが、この狼に食べられて命を落とした。息子のヴィーザルがフェンリルを倒して父の仇を取った。最高神の死を描く点で、北欧神話は独特の世界観を持っていると言えるだろう。

最高神オーディンが、苦労して働いてまで手に入れた「詩人の蜜酒」。これに似たものとして、インドにはソーマという飲料があり、やはり詩人の想像力の源であったとされている。オーディンが鷲に変身して蜜酒をもたらしたように、ソーマもまた、天から鳥によってもたらされたとされている。北欧でもインドでも、鳥と不思議な力をもつ飲料が関連づけられている。天地を自在に行き来する鳥は、神的飲料の運び手としてふさわしいと考えられたのだろう。

1-7

オリシャ【アフリカ／男神】　大地と人間の創造主

ヨルバの神々を指す。ここでは特に、至高神オルロンに従って大地と人間を造った大神を取り上げる。

†カタツムリの殻と土、鳩と雌鶏

ナイジェリアのヨルバ族の神話では、はじめ、世界は水でずぶずぶとした荒れた土地だった。その上には空があり、至高神オルロンと他の神々が住んでいた。このときまだ人間はいなかった。ある日、オルロンは神々の首長である大神オリシャを呼び、固い地面を造ることを命じた。オルロンはオリシャに、土が少し入っているカタツムリの殻と、鳩と、五本の足指を持つ雌鶏を与えた。

オリシャはずぶずぶの大地に降りてきて、カタツムリの殻の土を狭い場所に投げた。そこに鳩と雌鶏を置くと、かれらは土をひっかいて散らばせた。こうして湿地の大半が土に覆われ、固い大地が造られた。

大地が整ったので、最初の人間の部族が天上で造られ、地上に降ろされた。人間は、オリシャが土から作った。しかしそこに生命を吹き込む仕事は至高神のオルロンにしか許されていなかった。オリシャはある夜こっそりと、オルロンがどのように人間に命を吹き込むのか覗《のぞ》き見《み》しようとした。オルロンは全てを見透かしていたので、オリシャを深い眠りに落とし、生命の秘密を知られないようにした。

†北アメリカの潜水型神話との共通点

安定しない大地に土を持ってきて固い大地を造るという話は、潜水型神話に通じるところがある。たとえば北アメリカの神話では、亀が北から筏《いかだ》に乗ってやって来た。亀は土を取るため海底に潜った。六年かかって帰って来たときには爪の下のわずかな土を持っているだけだった。この土から世界が形作られた。

オリシャの場合は土を天界から持ち込んでいるので、海底から取って来る潜水型とは方向性が逆であるが、いずれの場合も、ひとかけらの土から固い国土が造られているという共通点が見られる。

1―8

シヴァ【インド／男神】

恐るべき破壊の神

ヒンドゥー教の三大主神の一人で、絶大な人気を誇る。その前身はヴェーダに遡り、「ルドラ」という神に起源を有する。ルドラは神と魔の両方の性質を持ち、光り輝き、必殺の弓矢を武器として持つとされた。シヴァは一般に破壊の神とされるが、信者には恵み深く、病などから救う。ヴェーダではそれほど重要な神ではなかったが、ヒンドゥー教に至って確固たる地位を得た。

†屹立するリンガの正体

シヴァの代表的な神話として、三つの都を一本の矢で破壊した話がある。悪魔の三兄弟が支配する金、銀、鉄の都は無敵で、神々を苦しめた。そこで神々はシヴァに祈って助けを求めた。シヴァはブラフマー神（1―16）を御者として戦車に乗り込み、一本の矢で三つの都市を貫いて破壊した。

シヴァは破壊の神であり、同時に子授けの神でもある。神話ではしばしばシヴァに子授けが祈願される。そのシンボルは「リンガ」と呼ばれる男性の生殖器である。リンガに関して、次のような神話がある。

ヴィシュヌ神（1‐4）が原初の大海にまどろんでいた。そこにブラフマー神がやってきて、怒りにかられてヴィシュヌを起こした。どちらが世界の主であるかについて、両神の間に終わることのない争いが生じた。二人が延々と言い争いを繰り広げているところに、輝かしい柱、リンガが現われた。そこには始まりも中間も終わりも見られない。ヴィシュヌとブラフマーはしばしその炎の柱に圧倒されていた。二人は、その柱の両端を確かめることにし、ヴィシュヌは猪《いのしし》の姿になって下方に潜り、ブラフマーは白鳥の姿になって上方へと羽ばたいた。それぞれ下方と上方に進んでいったが、千年たっても、その両端を見極めることはできなかった。やがてあきらめた二人の神は、元いた場所に戻ってきた。

するとそこに、リンガの正体であるシヴァが現われた。ヴィシュヌとブラフマーは彼にうやうやしく敬礼し、シヴァこそが世界の始まりであり中間であり終わりである、ということで決着がついた。

リンガはヨーニの上に屹立する。ヨーニとは女陰のことである。ヨーニという土台の上に屹立するリンガ。すなわちわれわれは、シヴァの生殖器を女神の胎内から眺めていることになる。シヴァ信仰は女神信仰と切り離すことができない。シヴァにはパールヴァティー、ウマー、サティー、ドゥルガー（4‐15）、カーリー（4‐5）といった妃たちがいる。

これらの女神は元来は独自の神格であったと考えられるが、シヴァの妃神として一体化していった。

†シヴァの両目と世界の闇

シヴァは第三の目を額に持つ。この第三の目について、このような話がある。シヴァはヒマーラヤ山で妻パールヴァティーとともに楽しく暮らしていた。あるときパールヴァティーはいたずら心を起こしてシヴァの両目を両手で隠した。すると世界の一切が闇に包まれた。しかしそれは長く続かず、闇は晴れた。シヴァの額に第三の目が開き、明るく輝いたのだ。ところが、その第三の目から炎が噴き出した。パールヴァティーは恐れをなしてシヴァに祈った。すると炎は消え、森はもとの美しい姿を現わした。シヴァの第三の目は明るいがその力は強大で、炎を噴く。しかし妻が悲しむので、シヴァがその炎を収めたのだった。

シヴァの両眼は太陽と月であるとも言われる。ここには、日本神話においてイザナキの両眼から太陽の女神アマテラス（1-2）と月の神ツクヨミが生まれたことに通じるアイデアが見て取れる。

1-9

ゼウス【ギリシア／男神】

浮気性の大神

オリュンポス山の頂上に居を構えるギリシア神話の最高神。天空神として、天候、とくに雷霆《らいてい》を操るので、自然神としては雷である。兄弟に冥界神ハデス（7-5）と海の神ポセイドン、姉妹にはゼウスの妻となるヘラ（4-19）、家庭の炉の火の女神ヘスティア、大地の女神デメテル（3-10）がいる。ゼウスはヘスティアを処女神として守護を与える一方、もう一人の姉妹デメテルとの間には植物の女神ペルセポネをもうけている。

†数々の妻と人間の起源

ゼウスの最初の妻は、オケアノス（大洋）の娘で知恵の女神メティスであった。ところが、大地の女神ガイアと天空神ウラノスが彼に忠告をした。二人の間に生まれる子は、男女どちらであっても聡明で剛毅な子であるが、もし男の子であった場合、父をもしのぐ力を持ち、神々と人間の王となるだろう、と。そこでゼウスはメティスが懐妊した時、彼女を呑み下した。以降、ゼウスの体内にはメティスの知恵の力が宿った。またメティスが孕《はら》んだ子は、ゼウスの額《ひたい》から生まれた。これがアテナ女神（2-1）であり、この上なく聡明で、知恵だけでなく戦と正義の女神としても活躍するようになった。

ゼウスの次の妻は掟《おきて》の女神テミスであった。この女神との間には、季節の女神たちホライ、運命の三女神であるモイライ、すなわちクロトとラケシスとアトロポスなどをもうけた。

ゼウスは先述のようにデメテルとの間に娘のペルセポネをもうけたが、ギリシアの密教の一種であるオルペウス教の神話によると、ゼウスはこの自分の娘であるペルセポネを熱愛して、自ら蛇に変身して思いを遂げた。その結果ザグレウスという神が生まれたが、嫉妬深い正妻のヘラが彼を殺害してバラバラに裂いて、ティタン神族の面々に食べさせた。アテナがこれに気づいて、残っていた心臓をゼウスのもとに持ち帰った。ゼウスは怒り狂ってティタンたちを燃やした。のちにこのティタンたちの灰から、人間が作られたのだという。

ところがティタンは神聖な神ザグレウスの身体を食べているので、その灰には神的な要素が含まれている。したがって、そこから作られた人間にも、ザグレウスに由来する神性が隠されているのだという。ゼウスはザグレウスを自分の腹に収めた後、再び彼を転生させて人間の女セメレの胎《はら》から生まれさせた。これが葡萄酒《ぶどうしゅ》の神ディオニュソス（3-9）である。

†人間の母から生まれたヘラクレス

ゼウスは多くの人間の女と関係を持ち、たくさんの子をもうけた。特に重要なのはギリシア神話随一の英雄ヘラクレス（2-11）であろう。彼の母は人間のアルクメネ、名目上の父はアンピトリュオンである。アンピトリュオンがタポス島から凱旋してくる前夜、かねてからアルクメネに思いを寄せていたゼウスが降りてきて、アンピトリュオンの姿になってアルクメネに近づいた。そしてそれらしい手柄話をするものだから、アルクメネも疑うことなく身を任せた。しかし次の日にアンピトリュオンが帰ってきたのでびっくり仰天したのだった。

アルクメネは双子を産んだ。一人はゼウスの子ヘラクレスで、もう一人はアンピトリュオンの子イピクレスであった。

ゼウスはヘラクレスの他にも、多くの子を人間の女との間にもうけ、地上で活躍させた。しかしそれらの子らの多くは、死後は人間として冥府へ赴く運命であった。ゼウスを父とし、人間の女を母とする半神的英雄たちの中で、死後神々に列せられたのはただ二人、ディオニュソスと、ヘラクレスのみである。

レダと白鳥（チェーザレによるレオナルド・ダ・ヴィンチの模写。16世紀）

†浮気な神は変身が得意

ゼウスの浮気は神々にとっては支配権の拡大につながり、人間にとっては祖先を最高神とすることで家系に箔がつくという、双方にとってメリットがあった。

ゼウスは浮気にさいして変身が得意である。アルクメネのところでは彼女の夫であるアンピトリュオンに変身したが、アルテミス女神のお供をするカリストのところに行ったときには、当のアルテミスの姿をして近づき、喜ぶ少女を前にして突然に真の姿を現わした。また白鳥の姿になってレダに近づき、トロイ戦争の原因となったヘレネをもうけた。

そもそもギリシアの神は本来姿が大きく、人間の前に現われるときにはその身を縮め、人間に似た姿を取るのだという。ゼウスの変身はその視点から見ると、当然の手段であった。

1-10

ダグダ【ケルト／男神】

大食らいのユニークな万能の神

アイルランドの神々の王。知恵深い神であり、ドルイド僧でもある。その性質は複雑であるが、インド＝ヨーロッパ語族の三つの機能（聖性・戦闘・豊穣）を併せ持つ神と考えると、よく理解することができる。

†竪琴、棍棒、大鍋

ダグダの特徴的な持ち物として、竪琴《たてごと》と棍棒《こんぼう》と大鍋がある。竪琴は魔法の竪琴であって、笑いや涙や眠りを引き起こす曲を自ら奏でる。棍棒は、片方の端で生き物たちを殺し、もう片方の端で死者を生き返らせる。大鍋は、無限に食べ物が出てきて絶えることがない。

これらの持ち物はデュメジルの三機能体系説に当てはめるとよく理解できる。竪琴は聖性の第一機能、棍棒は武器でもあるので戦闘の第二機能、そして大鍋は豊穣の第三機能を、それぞれ表わす。なお三つ目の大鍋は、のちに「アーサー王伝説」に取り込まれ「聖杯」伝説のもととなった。聖杯はキリストの血を受けたものとされ、騎士たちが最も熱心に探求するが、その形状は元来「鮭が乗るような」大皿であったという。後に杯型のものとして考えられるようになり、絵画に描かれたり、映画の題材となったりもした。

†旺盛な食欲と性欲

ダグダの神話を見ていこう。神々（女神ダヌの一族）と、彼らと敵対するフォモーレ族との戦争が休戦となった時、ルグ神（6-9）の命令でダグダはフォモーレのところに使者として赴いた。フォモーレは彼のために大量の粥《かゆ》を用意した。それは彼に恥をかかせるためであった。ダグダは粥が好物なのだ。ダグダは、粥を全部食べよ、そうしなければ殺す、と言われ、人の身長ほどの長さのある大きなヒシャクで粥を食べ始め、やがて食べ終わり、そのまま眠ってしまったという。

ダグダは食欲だけでなく性欲も旺盛である。彼は川の女神ボアンに恋をしたが、この女神は水の神ネフタンの妻であった。ダグダとボアンの間に子ができると、ダグダは太陽を一点に留めて、九か月もの間動かなくした。これにより、二人の間にできた子は妊娠と出産が同じ日となった。子供の名はオイングスといい、愛の神となった。

ダグダはまた、川で洗濯をしていた女と交わったが、この女は戦いの神モリーガン（2-12）であって、来たるべき戦いの時に彼を援助することを約束した。

ダグダの三つの神話を取り上げたが、これらの話のうち二つはインドの叙事詩『マハーバーラタ』に出てくる英雄のビーマと比較できるところがある。まずビーマは「狼腹（ヴリコーダラ）」というあだ名を持ち、たいへんな大食漢である。フォモーレの用意した大量の粥を完食したダグダと似ている。

次にビーマは、妻のドラウパディーの他、ヒディンバーという女の羅刹《らせつ》と結婚し、特定の期間彼女と時間を共にし、一子ガトートカチャを得ている。これはダグダとモリーガンの関係につながる。つまりどちらも、戦いの女神や羅刹女といった恐るべき女神と性的関係を結んでいるのだ。しかもどちらも、後に起こる戦争と関わる。モリーガンはダグダに協力を約束し、ビーマの場合、子のガトートカチャは戦争で獅子奮迅の働きをした。

さらに、ダグダの大鍋に対応するものとして、ドラウパディーの壺がある。これは太陽神からドラウパディーに与えられたもので、無尽蔵に食物が出てくる。ドラウパディーはビーマの妻であるので、ビーマの近くに、ダグダと同じ神話モチーフが現われている。

アイルランドとインドの神話は同じインド＝ヨーロッパ語族ということから、似ているところが多く確認される。ダグダとビーマの類似も、そのためと考えるのが妥当であろう。ただしビーマがあくまで戦士であるのに対し、ダグダは多機能を特徴としており、本項のはじめに述べたように、インド＝ヨーロッパ語族の社会や神話に必要とされた要素の全てを兼ね備えている。

1-11

タネ【ポリネシア／男神】

創造と豊穣、森と人間の神

創造と豊穣の神で、森の神。原初の時にくっついていた天と地を引き離し、人類の生死の起源に関わる働きをした。また人間の女を作り、人類の祖先となった。

†天空と大地を引き離し、人間を作った

世界の始まりの時、天の神ランギと大地の女神パパは愛し合ってくっついていた。天と地の間に空間がないので、その間に生まれた子供の神々は窮屈な思いをしていた。タネは兄弟の神々と相談をして、天空と大地を引き離すことにした。彼は大地に肩をつけ、両足を大空につけて踏ん張った。次第に天空と大地は引き離されていった。ランギとパパは呻《うめ》き声を発した。「なぜ両親の愛を殺すようなことをするのか」と。天空と大地がいよいよ遠くに隔たると、初めて世界に光が灯った。

まだ人間はいなかった。人間を作ったのもタネである。彼は土から女の形を作り、その鼻に生命を吹き込んだ。ヒネ・アフと名付けられたこの女はタネとの間に娘のヒネ・チタマを産み、ヒネ・チタマとタネの間にまた娘が生まれた。

しかしあるときヒネ・チタマは自分の夫が自分の父親であることを知り、恥ずかしさのあまり暗闇の地下の世界、大いなるパパ女神のいる世界へと旅立った。彼女が歩いた道が死への通路となった。タネが追いかけてきたが、ヒネは拒絶して地下界の入口を通り抜けた。このときから彼女はヒネ・ヌイ・テ・ポ、「夜の大女神ヒネ」となった。

ヒネは、タネが戻って光の世界の子孫の面倒を見なければならないこと、自分は闇の世界にとどまって子孫たちを待つことを宣言した。これにより、人間の生と死が定まった。

†神話の「型」とモチーフの類似

原初のときに抱き合っていた天空と大地を引き離して今ある世界ができたという話は、「天地分離型」と呼ばれ、広く分布している。エジプトでは大地の男神ゲブと天空の女神ヌトが父神である大気のシュウに引き離される話が知られている。

タネは土から人間（の女）を作ったが、土からの人間の創造というモチーフも広く見られるもので、『旧約聖書』では最初の人間アダムは土のちりから作られたことになっている。中国では女媧（4-8）という女神が泥から人間を作った。これらの神話は、粘土をこねて物を形作ることからの類推かもしれない。ギリシアで最初の人間の女パンドラが、土をこねて作られているのも類話と見ることができるだろう。

タネとヒネの話は日本神話のイザナキとイザナミ（7-2）の話と似ている。原初の女神イザナミは火の神カグツチを産んだために陰部を焼かれて死んでしまう。イザナキは愛する妻を追って黄泉《よみ》の国に行くが、妻に課された禁を破ったために連れ戻すことに失敗し、一人で地上に帰ることになった。このとき夫婦の神は決別の言葉を交わす。イザナミが「私はあなたの国の人々を一日に千人殺しましょう」と言うと、イザナキは「それなら私は一日に千五百の産屋を建てよう」と言った。これが一日に千人が死に、一日に千五百が生まれることになったという死の起源神話であり、かつ人類増殖の起源神話となっている。

タネとヒネの場合も同様に、タネは闇の世界にヒネを取り戻しに行くが失敗し、その場で交わした会話により、人間の生死が決定づけられた。このような神話の類似は偶然とは思われないが、何によってもたらされた類似であるかの結論は保留としたい。

†天と地をつなぐ世界樹として

タネは森の神である。その森であるタネが天空と大地を引き離したということには、意味があると思われる。森はとうぜん樹木から成り立っているわけだが、タネはここで天と地の間をつなぐ樹木のはたらきをしたのだと解釈できる。一種の世界樹である。タネ自身が樹であるのだ。

1-12

ディヤウス【インド／男神】

天空の父神

『リグ・ヴェーダ』において、天空の擬人化されたもの。大地女神プリティヴィーと一対の夫婦であり、神々の父母（ピター・マーター）と呼ばれる。神々への讃歌を集めた『リグ・ヴェーダ』にはディヤウスのみに捧げられた歌はないが、「天なる父」という呼び名は出てくる。

†ディヤウスとプリティヴィーの子供の神々

ディヤウスとプリティヴィーは神々の父母であり、曙《あけぼの》の女神は彼らの娘であり、アシュヴィン双神（5-1）は彼らの子孫であり、火の神アグニ、雨の神パルジャニヤ、太陽神スーリヤ、主権神群アーディティヤ、マルト神群、聖仙アンギラスなどが彼らの子とされる。

「天なる父」への信仰は古く、インド＝ヨーロッパ語族の共住期に遡る。

ディヤウスは天の神で神々の父であるが、最高神ではなかった。ヴェーダ神話における最高神はヴァルナ（1-3）である。

†「天父地母型」の類型

ディャウスとプリティヴィーのような一対を「天父地母型」というが、これは世界に類例が多い。ギリシアでは天が男神ウラノス、大地が女神ガイアであり、二人の間に多くの子が生まれ、神々の系譜が続いていく。ニュージーランドの神話では天空が男神ランギ、大地が女神パパで、やはりその間に多くの神々が生まれた。動植物を養う大地は自然と女神として考えられ、それと対をなす天空は男神とされることが多いのだ。

ところがひとつだけ例外があり、エジプトでは、天空が女神ヌトで、大地が男神ゲブである。天地が夫婦である構造に変わりはないが、その性別が他の地域と逆転している。これは、エジプトでは天空で魂が養われると考えられていたためであろう。

1-13

テシュブ【北メソポタミア／男神】

メソポタミアにミタンニ王国を築いたフルリ語系諸民族の間で信仰された。嵐などの天候神で、天界の王。

†父と息子の戦い

ヒッタイトの神話に出てくるクマルビの息子であるテシュブは父クマルビに反抗したので、クマルビは怪物を生み出して対抗した。妹であるイシュタル（2-3）の助けを得て、かろうじてテシュブはこれに勝利した。古い世代の神々は去り、テシュブを筆頭とする新しい神々の世界が築かれた。テシュブは「王」として位置付けられることになった。

†父殺しの心理

クマルビとテシュブの間に見られたような王権交代の神話は、おそらくギリシアに伝播した。ウラノス―クロノス―ゼウス（1-9）による王権交代の神話である。ウラノスは息子のクロノスに生殖器を切り取られて王位を退いた。クロノスが王位に就いたが、大地の女神である祖先神のガイアから、自分の息子によって王位を奪われる運命にあると知らされると、妃のレイアとの間に生まれた子らを次々と自分の腹に呑みこんだ。しかしレイアの機転で末子のゼウスだけが助けられた。ゼウスは成長すると、クロノスに吐き薬を飲ませて、きょうだいを吐き出させた。この後、クロノスとゼウスをはじめとする神々との間で長い戦いが始まるが、最終的にゼウスが勝利を収め、神々の王としての地位を確立した。

しかしそのゼウスもまた、妻のメティスから生まれる男子によって王位を奪われると予言されたので、メティスが孕《はら》むと、胎児ごとこの女神を呑みこんだ。

このように、延々と続くギリシアの神々の王権交代の源泉に、テシュブとクマルビの神話があると考えられている。しかしこの王権交代神話、すなわち子による父からの王位奪取は、心理学からも説明できそうにも思われる。男子の内面における「父殺し」の心理を表わす神話としても読めるところがあるかもしれない。

1-14

テスカトリポカ【メソアメリカ／男神】

夜、戦争、魔術の神

アステカの創世神話において活躍する。ケツァルコアトル（6-4）と、ある時は敵に、またある時には味方になって物語を展開させる。

†次々に時代が変わる

天上界で二人の創造神が四人の息子をもうけた。一番目が赤いテスカトリポカ、二番目が黒いテスカトリポカで、神話によく出てくるのはこの黒いテスカトリポカである。三番目がケツァルコアトル、四番目がウィツィロポチトリ（2-5）であった。

最初の時代である「土の太陽」の統治者はテスカトリポカであった。このとき、巨人が地上に住んでいた。テスカトリポカはケツァルコアトルの矛《ほこ》で海の中に突き落とされ、海から出て来たときにはジャガーに変身してい

テスカトリポカが変身したジャガー

た。ジャガーが巨人たちを襲い、全滅させた。

次の時代は「風の太陽」の時代で、ケツァルコアトルが統治者となった。しかしケツァルコアトルはテスカトリポカに蹴倒されてしまった。ケツァルコアトルと人々は強い風に吹き飛ばされた。この時生き残ったのが、猿である。

三番目は「雨の太陽」の時代で、雨の神トラロックが支配していた。この世界はケツァルコアトルの降らせた火の雨によって滅んだ。人々は七面鳥に変えられた。

四番目の「水の太陽」はトラロックの妻で、川と淀んだ水を司るチャルチウトリクェであった。この世界は大洪水で滅ぼされた。

†神同士の対立と協力

テスカトリポカは兄弟でもあるケツァルコアトルと、あるときは反目し、またあるときは協同して（トラルテクトリの項4-16を参照）世界を動かしていく。このような関連性は、インドの神話と似ているところがある。インド神話には神々のデーヴァ神族と、悪魔と呼ばれることの多いアスラ魔族がいる。両者は対立関係にあるが、たとえば「乳海攪拌《かくはん》」の神話では、協力関係を結んだ。対照的であるが、対立と協同の両方の関わりを持つ二人の神や二つの神的グループが世界を存続させているという発想が共通している。

1―15

ビラコチャ【中央アンデス／男神】　星々と大地、人間を造った創造神

インカの創造神。創造の役割を終えると湖の中に姿を消した。

†石から人間を造った

太古の時、南米アンデス山中にあるチチカカ湖の中から現われ出た神がビラコチャである。彼は光る丸いものをたくさん造った。大きいものも小さいものもあった。造り終わると、彼はそれらを天空に投げ、それぞれ決まった道を歩くようにした。こうして太陽と月、星々が生まれた。次にビラコチャは大地を造った。その上に住むものを造ろうと、ビラコチャは石で自分の似姿を造った。この最初の男がインカ族の始祖アルカ・ビサである。ビラコチャは同じようにして次々に人間を造った。多くの人間ができあがると、ビラコチャは彼らを連れてクスコに行った。そしてその地に住むよう人々に命じた。

次にビラコチャは四人の召使いを造った。それは東西南北の風であった。今日、大地の四方から風が吹くのはこのためである。

ビラコチャは一連の創造の仕事が終わると、再び、チチカカ湖の中に沈んでいった。

†創造の後は姿を隠す

ビラコチャは創造神として太陽と月と星、そして大地と人間と風を造り、その後はチチカカ湖に姿を消した。創造神はその仕事が終わると姿を隠すことがある。たとえば日本神話の創造神はイザナキとイザナミ（7-2）の夫婦であるが、まず国土を生み、次に神々を生んで、その後イザナキは黄泉《よみ》の国から帰って来ると、アマテラス（1-2）、ツクヨミ、スサノオ（6-5）の三貴子を生んだ。『日本書紀』によると、そののち、彼は淡路島の幽宮《かくりのみや》に行ったとされ、その後の神話に登場することはない。創造神は、その創造の役目を終えると隠れてしまうのだ。

ビラコチャは石で人間を造ったが、これはギリシアのデウカリオンの神話を想起させる。大洪水を逃れたデウカリオンと妻のピュラは、子孫を望み神から神託を受けた。それに従って、お互いの肩越しに石を投げると、デウカリオンの投げた石は男に、ピュラの投げた石は女になって、再び人類が栄えることになった。

石から人間が生じるという発想は、石が大地のものであって、人間は大地から離れては生きていくことはできないという神話的思考なのかもしれない。

1-16

ブラフマー【インド／男神】

創造の神、言葉の呪力の主

創造神。ヒンドゥー教における三神一体・トリムールティ説で、ブラフマーが世界を創造し、その世界をヴィシュヌ（1-4）が維持管理し、最後にその世界をシヴァ（1-8）が破壊するとされる。

†アスラの願い事

祭官の発するブラフマンという呪句や、その呪句の背景にある霊力が神格化されたのがブラフマーである。ブラフマーの前身としては創造神プラジャーパティがあり、したがってこの神のなかでは、創造神としての役割と、呪句の神としての要素が融合している。

ブラフマーが中心になって活躍した話として、『マハーバーラタ』に記される天女ティローッタマー（4-13）の創造がある。スンダとウパスンダという大悪魔（アスラ）が苦行をして、ブラフマー神を喜ばせた。ブラフマーは二人のアスラに願い事を叶えてやると言った。するとアスラたちは「われわれは、お互いを除いて、誰にも傷つけられることのないように」という願いを述べた。ブラフマーはそれを叶えてやった。力を得た二人のアスラは三界を征服し、神々を駆逐した。困った神々はブラフマーのもとに相談に行った。ブラフマーはものづくりの神ヴィシュヴァカルマン（5-4）を呼び、最高の天女を造らせることにした。造り出された美しき天女はティローッタマーと名付けられた。

ブラフマーはティローッタマーをアスラの兄弟のもとに運んだ。アスラたちは森で宴会をしていたが、ティローッタマーを見るや情欲にかられ、「あの女は自分のものだ」「いや自分のものだ」と取り合いを始めた。とうとう兄弟は互いに殺し合って滅んだ。ティローッタマーはブラフマーの祝福を得て、流れ星になった。

†インド神話の定型

ブラフマーは神々とアスラの共通の祖父である。したがって、両者に平等にふるまう。神々でもアスラでも、苦行によってブラフマーを喜ばせれば、彼はその者の願望を叶えるのだ。しかしこれが後に禍根となって神々を困らせる。ブラフマーはそれを受けてアスラの殺害を計画する。あるいは、自身の手に負えないと判断した場合には、ブラフマーはより上位の神であるヴィシュヌかシヴァ、あるいはその両方のもとに助けを請いに行く、というインド神話の定型がある。

1-17

マルドゥク【メソポタミア／男神】

原初の女神を倒して最高神に

原初の海水の女神ティアマトを殺害して天地を創り、最高神となった。自然現象としては風と嵐の神である。

†ティアマト女神との戦い

バビロニアの叙事詩『エヌマ・エリシュ』によると、原初の時、淡水の男神アプスーと海水の女神ティアマトが、お互いの水を混ぜて神々を生み出した。その後神々が増えると、彼らは騒ぎ立てるようになり、ティアマトを悩ませた。アプスーはティアマトの反対にもかかわらず、神々を滅ぼそうとした。しかしエア（3-4）という神がアプスーの計画を察知し、呪文によって彼を眠らせたうえで殺害した。エアとダムキナの息子がマルドゥクである。

ティアマトは夫の復讐を決意した。彼女は十一の怪物を作り出した。それらは大蛇、大毒蛇、毒蛇、恐ろしい精霊であるムシュフシュとラハム、大獅子、狂犬、サソリ人間、壊滅の嵐、魚人間、野牛人間であった。ティアマトはまた、息子たちの中のキングーに軍の指揮官を任せた。ティアマトはキングーに「天命の書板」を与え、その命令を絶対のものとさせた。

怖気づく神々の中で、マルドゥクがティアマトと戦うことになった。マルドゥクは風と嵐を味方につけてティアマトと戦った。彼はティアマトの腹に風を送り込んだ。ティアマトの体内は膨張し、その腹は引き裂かれた。マルドゥクはキングーを捕らえ、彼から「天命の書板」を取り上げた。ティアマトの死体は引き裂かれ、そこから天と地が造られた。天地の創造者たるマルドゥクが神々の王位についた。キングーの血からは人間が造られ、神々の労働を肩代わりさせた。

†女神信仰の変遷

海の怪物を退治するこの話は、『旧約聖書』のレヴィヤタンの話と似ている。レヴィヤタンもまた海の怪物で、神によって殺害される。

原初の女神が新しい世代の男神に殺害されるこの神話は、女神信仰の変遷を表わしているものと思われる。旧石器時代から、人類は女神を信仰していたことが分かっている。男神の信仰が古くからあったのかどうかは、分からない。あったという証拠は見つかっていないが、それはなかったことの根拠にはならないのだ。

ともかく、古来人類は女神を信仰していた。そして女神はひとりで多くの機能を持ち、森羅万象を司っていた。そのような女神信仰は、青銅器時代から鉄器時代にかけて現われてきた男神の信仰に、次第にとって代わられるようになる。たとえばギリシアの場合、大女神は解体され、おのおの細かい機能を担当する職能女神に変化した。メソポタミアのティアマトは、そのような女神信仰の変遷の中、男神によって殺害されることで大いなる女神としての地位から退くこととなったのだ。

原初の女神と戦う男神という点では、ギリシアの神話とも比較できるところがある。ゼウス（1-9）はその生まれからして原初の大地の女神ガイアの助けを得ていたが、ある時そのガイアの怒りを買って、ガイアの子らである巨人族と長い戦争をすることになった。しかし最終的にゼウスが勝利を収め、安定して神々の王として振る舞うことになった。ガイアもまた、男神に力を奪われた原初の女神であろう。

マルドゥクをはじめ、ほとんどの神話世界において最高神は男神である。ギリシアのゼウス、北欧ゲルマンのオーディン（1-6）、インドの三大主神であるブラフマー（1-16）、ヴィシュヌ（1-4）、シヴァ（1-8）もすべて男神だ。女神を最高神に据えている日本神話はその点できわめて特殊であると言える。

1-18

ラー【エジプト／男神】

万物を照らす太陽神

古代エジプトの人々にとって、太陽は創造の力であり同時に破壊の力でもあった。太陽は多くの名を持ち、それぞれ意味がある。太陽円盤としてはアテンであり、昇る太陽としてはケプリであり、太陽が空の頂点に至るとラーであり、ホルスとも呼ばれた。太陽が老人として沈むとき、アトゥムと呼ばれた。太陽は毎夜天空の女神に呑みこまれるが、次の朝には彼女の子として再生すると考えられていた。

†ラーは原初を創生した

ヘリオポリスという都に伝わる創世神話によると、アトゥム＝ラーは原初の存在であった。混沌から立ち上がったラーは、まずは自分の立つべき場所として、丘を足元に作った。あるいは彼は、原初の水の中で睡蓮のつぼみの中から立ち上がったともいう。彼は唾を吐いて息子のシュウを創り、嘔吐することで娘のテフヌトを産んだ。シュウは大気であった。

ラーは天空では十二の洲をめぐりながら移動し、地下に潜ったときにも十二の洲をめぐる。そこで彼は永遠の敵である蛇のアペプと対決する。また地下の十二の洲では時の女神が門の開閉を司るとされた。多くの怪物が棲《す》む地下の世界を旅し、地下の第十二洲に至ると、ラーは蛇の身体を通り、蛇の口から生まれてきて、天空へと顔を出すことになる。

ラーが原初の水の中で睡蓮のつぼみから立ち上がったとする神話は、インドの神話で、創造神ブラフマー（1-16）がヴィシュヌ神（1-4）の臍《へそ》から生えた蓮の花の上に生まれることに通じる。水の上で花を咲かせる睡蓮や蓮は、水によって表現される原初の時に生まれた最初の生命の土台としてふさわしいと考えられたのであろう。なお睡蓮はスイレン目スイレン科、蓮はヤマモガシ目ハス科であるので、種類としては異なる花である。

†言葉の力を操る女神

ラーの「真の名」に関して、このような神話がある。イシス（4-2）は言葉の力を持つ女神であった。あるとき彼女は土で蛇の形を作り、それをラーの通るところに仕掛けた。そのときラーは年老いてよだれを垂らすようになっていた。ラーがそこを通ると、蛇は彼を噛んだ。蛇の毒がラーの身体を苦しめ、他の神々も集まって悲しんだ。そこにイシスがやって来て言った。「わたしは言葉の力であなたを癒すことができます。あなたの本当の名、隠された名を教えてくだされば、蛇の毒を治めましょう」。ラーはますます毒に苦しみ、ついにイシスに自分の本当の名が伝わるようにした。彼女が「毒よ消え去れ」と言うと、ラーは蛇の毒から解放された。こうしてイシスは大女神となった。

太陽神ラーは天空に君臨する大神であるが、地下にあっては宿敵の蛇アペプに狙われ、また「老い」に襲われ、イシスの仕掛けた蛇の毒にも襲われる。太陽の神は毎日われわれを照らし闇から救うが、彼自身は常に苦しみの中にあると神話は語るのだ。

イシスはこの神話の中で、言葉の力を操る女神とされる。言葉を力あるものとしてとらえる神話は多い。日本では言霊《ことだま》信仰がある。たとえば原初の女神イザナミ（7-2）が人間に死の宣告をするのも言葉の力によるものである。インドではバラモンの言葉が重視される。あるいはインドの叙事詩『マハーバーラタ』では母の言葉が絶対であるとされ、そのために主人公の五人兄弟の王子たちは一人の妻を共有することになった。

†各地に見られる太陽への信仰

ラーは船に乗って空と地下の世界を航海するとされている。これを「太陽船信仰」という。ヨーロッパの先史時代や、南海地域、そして日本にも同様の信仰がある。これに対するものとして、太陽が馬車に牽《ひ》かれて空を渡るとする「太陽馬車信仰」というものもある。中国やインド、ギリシアなどに見られる。

第２章

戦神・英雄神——勇猛果敢な神々

戦場において力を発揮する神をここに分類した。ひとことで戦神といっても、野性的な戦神、文明的な戦神、戦闘によって世界の秩序を作り出す戦神など、さまざまなタイプがある。女神がここに加わっている場合もある。美しくおとなしいだけが女神ではない証である。

最強の武器ミョルニルを振りかざすトール
（ヴィンゲ作、19世紀）

2-1

アテナ【ギリシア／女神】

戦・正義・機織りの女神

母神なしに父神である最高神ゼウス（1-9）の額《ひたい》から生まれた女神アテナは、古代のギリシア人男性市民が女神に何を求めていたのかをよく表わしている。詩人アイスキュロスによると彼女は「母胎の闇に身の養いを受けたことがなく」、「よろずにつけ、男性の味方」、「結婚の相手にはならない」、「心底、父親側」である。

鍛冶の神へパイストス（5-9）との間に通常の性行為によらずに一子エリクトニオスをもうけている。正義と戦争の女神であるが、機織《はたお》りなど女性の手仕事の守り神でもある。古くは蛇と一体化した蛇女神であった。

†父ゼウスの額から、武装した姿で生まれた

著作家アポロドロスによると、アテナの誕生は次のようであった。ゼウスは女神メティスと交わり孕《はら》ませたが、すぐに彼女を呑みこんでしまった。大地の女神ガイアが、メティスから生まれる男子が天空の支配者になるだろうと予言したからである。ゼウスは王の地位を奪われるのを恐れて彼女を呑みこんだのだった。メティスが孕んだのは女児であった。

アテナの誕生（ウアス作、17世紀）。画面中央上の女性がアテナ

誕生の時がくると、プロメテウス（5-8）が、あるいはヘパイストスがゼウスの額を斧《おの》で打って、そこからアテナが、成人し武装した姿で誕生した。

ゼウスが単独でアテナを生んだのに対して、ゼウスの妃ヘラ（4-19）は単独でヘパイストスを生んだが、このヘパイストスはアテナと異なり、ギリシア神話の中ではコミカルな役割を与えられている。女神が単独で生んだ神は、男神が単独で生んだ神よりも、低い評価を与えられているという図式だ。

†処女にして母なる女神

アテナは処女にして母という矛盾した性格を持たされている。それはアポロドロスによると次のような話であった。アテナは武器を造る目的で鍛冶の神ヘパイストスの所に赴いた。ところが彼は妻アプロディテに棄《す》てられていたので、アテナへの欲情の虜となり、女神を追いかけ始めた。女神は逃げた。ヘパイストスがどうにか彼女と交わろうとしたとき、アテナが応じなかったので、彼の精液が彼女の脚に落ちた。女神は怒って羊毛でこれをぬぐって地に投げた。そこから一子エリクトニオスが誕生した。

処女にして母なる女神といえば、日本神話のアマテラス（1-2）が同じ役割を担っている。キリスト教の聖母マリアもこれに当てはまる。いずれにせよ男性の想像力の産物であろう。女性自身の思考からは、「処女母神」という表象は出てこないと思われるからだ。ネパールの生き神クマリも処女神であり、母神と同一視されるものであるが、これはアテナやアマテラスとは少し範疇《はんちゅう》がちがうかもしれない。

アテナはさまざまな英雄を助ける戦の女神であるが、同時に糸紡ぎ、機織りなど羊毛を用いた女性の手仕事を守護する。アテナ自身も機を織る。アラクネという人間の少女と機織り競争をした話が名高い。アテナはまた職人の守護者で、戦車、馬の手綱、船、トロイの木馬などの発明者とされる。いずれも「文化」に関わるものである。

†「最高の女神」アテナと「最初の女」パンドラの対比

アテナは古代ギリシアの男性にとって「最高の女神」という位置づけにあるが、これと正反対の位置にあるのが「最初の女」パンドラである。古代ギリシアにおいて、女とは神々が人間にもたらした「美しき災い」であり、男たちとは異なる存在と考えられていた。

パンドラは、ゼウスの命令でアテナとヘパイストスを中心とした神々全員の力で造り上げられた。同じアテナとヘパイストスのペアから生み出されたエリクトニオスは、アテナイ市民の祖として栄光に満ちているが、パンドラは、男たちに苦しみをもたらす悪の存在とされ、エリクトニオスとは正反対の価値が与えられている。

古代ギリシアは華やかな文明を栄えさせたが、巨大な欠点が二つある。奴隷制と、女性蔑視である。そのような文明の中での女神信仰の在り方のひとつを、アテナという女神が示していると考えられる。

2-2

アレス【ギリシア／男神】

荒々しく粗野な戦神

戦の神。同じ戦神のアテナ（2-1）とは対照的な性質を示し、血を好み粗野である。トロイ戦争においてはトロイ方を応援したが、あまり力は発揮されなかったようだ。ローマにおいてマルス神として主神に勝るとも劣らない尊崇を受けた。

†美と愛の女神アプロディテとの情事

ギリシア神話におけるアレスは、あまり高い評価を受けていなかったようである。トロイ戦争においては、人間のディオメデスに傷つけられ、大声でわめきながら天界に逃げ帰り、父神ゼウス（1-9）に訴えたのだという。母はヘラ（4-19）であるから、アレスは天界の王と王妃の嫡男ということになる。その地位の高さに反して、性質は粗野であり、神格としても重要視されなかった。

アレスの妻はアプロディテとされることもあるが、むしろアプロディテの愛人としてのアレスの立場を語るものの方が有名であろう。ホメロスによると、アプロディテの夫は鍛冶の神ヘパイストス（5-9）であったが、彼は足が不自由で醜い神であったので、アプロディテは夫を愛さなかった。そしてアレスを愛人として、夫の留守に夫婦の寝台に連れ込むのであった。あるとき太陽神の告げ口で、ヘパイストスは妻の不義を知ることになった。すると彼は、蜘蛛《くも》の糸のように目に見えない糸で巧みにこしらえた網を作り、気づかれぬよう寝台に仕掛けておいた。何も知らない妻と愛人が寝台に腰かけると、たちまち網にかかって、どうあがいても抜け出すことができなかった。ヘパイストスはオリュンポスの神々を証人として呼び集めた。男の神々は、こんな目に遭っても、美と愛の女神であるアプロディテと共寝できるアレスを羨ましがったのだという。

†アレスの子孫たち

アレスの子は多く知られている。アプロディテとの間には「恐怖」のデイモス、「敗走」のポボス、女神ハルモニアが生まれた。愛の神エロスが彼らの子とされることもある。女性のみの部族として知られるアマゾン族も彼らの子とされる。

アレスはローマの神話ではマルスとして現われる。マルスはトロイの英雄アイネイアスの子孫にあたるレア＝シルヴィアと交わって子を産ませた。その子らが双子のロムルスとレムスで、後にロムルスがローマを創建することになる。アレスはマルスとして、ローマでは最高神ユピテルをしのぐほどに尊崇された。

†ギリシア神話と「三機能体系説」

ギリシア神話にはアレスとアテナという二人の戦神がいることになっている。この二神は、面白い構造を示している。フランスの比較神話学者デュメジルの「三機能体系説」によれば、ギリシアを含むインド＝ヨーロッパ語族の神話や社会は三つの区分により構成されていると考える。第一機能は王権と聖性、第二機能は戦、第三機能は美と豊穣を、それぞれ管掌している。アレスとアテナは戦神であるから第二機能の神であると言える。

デュメジルはさらに、それぞれの機能は、相補い合う二柱の神によって本来構成されていたと考える。つまり第二機能に関していうと、二人のうち一人は第一機能に近い性質を示し、もう一人は第三機能に近い性質を示すのだ。つまり、アレスは美と豊穣の女神であるアプロディテと夫婦、あるいはその愛人であるので、第三機能に近い。アテナは、父神であるゼウスと親しく、常に父の側について行動するため、王権を表わす第一機能に近い。

デュメジルは、インド＝ヨーロッパ語族の原神話を再構築する研究の中で、ギリシアの神話はそれほど重視しなかった。ギリシアの神話には特有の発展があったとみなしたようである。しかしながら、このアレスとアテナの構造のように、細かいながらも重要な、インド＝ヨーロッパ語族の共住期に遡る古い要素が発見できるのだ。

2-3

イナンナ／イシュタル【メソポタミア／女神】

勇ましい戦と豊穣の女神

愛と豊穣、戦いの女神であり、天体として金星であるとされる。

†冥界への降下と帰還

イナンナはあるとき冥界に降っていった。冥界の主はイナンナの姉妹であるエレシュキガル（7-3）である。イナンナは大いなる地下界の七つの門をくぐるたびに衣装や装飾品を剝《は》ぎ取《と》られ、エレシュキガルの前に着いたときには裸になっていた。彼女は死体となって三日間吊るされた。イナンナの従者である女神ニンシュブルが神々に助けを求め、イナンナは地上に帰ることができるようになる。この後の展開はアッカド語版とシュメール版で異なるのであるが、アッカド語版では女神が七つの門を再び通って帰還したことが書かれている。シュメール版では、イナンナが地上に帰るためには身代わりが必要であり、イナンナは自分の喪に服していなかった夫のドゥムジ（3-12）を冥界に送った。

イナンナは勇ましい戦女神でもある。「イナンナ女神とエビフ山」という話では、イナンナは自分に敬意を表わさないという理由でエビフ山に戦いを挑む。彼女は武装してエビフ山に向かい、大地を揺るがしてその山を崩壊させる。

イナンナは王権の女神として王を選ぶ役割も果たす。「エンメルカルとアラッタの君主」という話では、イナンナが「強い王」を好み、戦いを勝利に導く女神として描かれている。またその続編である「ルガルバンダ叙事詩」では山中で病を得た王子ルガルバンダを励ます優しい側面を表わしている。

†豊穣と死は隣り合わせ

イナンナがなぜ冥界に降っていったのかははっきりと示されていない。おそらく豊穣の女神による死の世界の征服をもくろんでいたのであろう。しかしそれは秩序の転覆を意味する。したがって、イナンナの冥界訪問が失敗したのは、必然であったと言える。

豊穣の女神には二面性がある。死と関わるということだ。豊穣、とくに植物の豊穣は、儀礼などにおいて血なまぐさい要素を伴うことが多い。血によって大地が豊穣を促進すると考えたのであろう。したがってイナンナも、豊穣と死という、相反するように見られる二つの側面を兼ね備えているのだ。

2-4

インドラ【インド／男神】

悪竜退治の英雄神

古いヴェーダの神話で華々しい武勲を立てた英雄神である。ヴァジュラ（金剛杵《こんごうしょ》）の打撃によって宿敵である蛇のヴリトラを退治し、雨水を解放した。インドラの生まれは複雑である。インドラの母は長く彼を身籠ったのち生み落し、すぐに捨てた。これは神々や、あるいは父から彼を守るためであったようだ。

ヒンドゥー教では、ブラフマー（1-16）、ヴィシュヌ（1-4）、シヴァ（1-8）の三神が主神として力を持つようになり、インドラの地位は相対的に低くなった。その結果、彼の力に余る事態をこの三神が解決するという話が多く語られるようになった。

†怪物ヴリトラを退治する

インドラの活躍する話として、『マハーバーラタ』に記されるヴリトラ竜退治が名高い。工作神トヴァシュトリ（5-6）はインドラを害するためにヴィシュヴァルーパという名の三つの頭を持つ息子を作った。ヴィシュヴァルーパの激しい苦行に恐れをなしたインドラは、ヴァジュラ（金剛杵）を投じてヴィシュヴァルーパを殺した。その身体は死してなお輝きを放っていた。インドラは近くを通りかかった樵《きこり》に命じて、ヴィシュヴァルーパの首を落とさせた。樵がためらいながらも頭を切り落とすと、三つの頭のそれぞれから鳥が飛び立った。インドラはその頭を持って喜び勇んで天界へ帰った。

インドラがなぜわざわざ樵にヴィシュヴァルーパの首を落とさせたのかというと、ヴィシュヴァルーパはバラモンであり、バラモン殺しの罪はあらゆる罪の中で最も重いとされるからだ。神々にとっても避けるべきことであったのだ。

続きを見ていこう。トヴァシュトリは復讐《ふくしゅう》のため怪物ヴリトラを創造した。インドラとヴリトラは長い間激しく戦っていた。勝敗がつかないのでインドラは一旦退却し、ヴィシュヌに相談した。ヴィシュヌは助言を与えた。ヴィシュヌの方策に従ってインドラはヴリトラに和平を提案した。ヴリトラは条件を出した。「乾いたもの、湿ったもの、岩や木によっても、兵器によっても、ヴァジュラによっても、昼も夜も、インドラと神々は私を殺してはならない」。神々はその提案を受け入れた。

しかしインドラは常にヴリトラを倒す方法を考えていた。ある日の明け方（あるいは黄昏時）に、ヴリトラが海岸にいるのを見て、ヴィシュヌの予言を思い出した。今は昼でも夜でもない、今こそヴリトラを殺す時だ。すると、海の中に山のような泡があるのを見た。インドラはその泡をヴリトラに投じた。ヴィシュヌが泡に入り込んでヴリトラを殺した。

†工作神の役割

インドラに敵対するヴィシュヴァルーパやヴリトラを作り出したのが、工作神トヴァシュトリであったことには意味がある。工作の神は、インド＝ヨーロッパ語族の神話において、英雄に通過儀礼を授ける役割を果たすからだ。また、ヴィシュヴァルーパの首をはねたのが「樵」であったことにも重要な意味がある。樵は、工作の神に近い「職人」という位置づけにあるが、怪物退治には英雄の武力だけでなく、職人の専門的技術も必要とされるのである。

プラーナと呼ばれるインドの宗教文献には、インドラに関する次のような神話がある。インドラは立派な宮殿を作るため、工作の神ヴィシュヴァカルマン（5-4）に宮殿の建築をゆだねた。ところがインドラの要求はどこまでも増大し、より立派な宮殿を求めるばかりであった。ヴィシュヴァカルマンはヴィシュヌに助けを求めた。ヴィシュヌは少年の姿になってインドラのもとへ行き、この世の儚《はかな》さと、神であっても命の短いことを思い知らせた。インドラは反省してヴィシュヴァカルマンに謝礼を払って宮殿を去らせ、以降、立派に神々の王としての務めを果たすようになった。インドでは神々ですら儚い命を生きているのだ。それを超越しているのは、ヴィシュヌとシヴァのみなのである。

2-5 ウィツィロポチトリ【メソアメリカ／男神】

戦争と人身供儀の神

完全武装して生まれた戦の神。母を助けて兄弟たちと戦った。

†太陽と月、星々を描いた天体の神話

ウィツィロポチトリの母は「蛇のスカートの女」コアトリクェである。やもめのコアトリクェは、コアテペック山で掃除をしている時に、羽毛でできた珠《たま》を見つけた。彼女はそれを懐《ふところ》に納めたが、そのうち珠はなくなっていた。この時コアトリクェはウィツィロポチトリを身籠《みごも》ったのだった。コアトリクェの胎《はら》が膨れ始めたので、息子たちのセンツォン・ウィツナワ（四百人まとめてそのように呼ばれる）やその姉のコヨルシャウキに妊娠が知られてしまった。コヨルシャウキは母の不貞を怒って彼女を殺そうとした。コヨルシャウキが武装した四百人の兄弟を連れてコアテペック山にやって来た時、ウィツィロポチトリが完全武装した姿で生まれた。彼はコヨルシャウキを八つ裂きにして、その身体を山のふもとに転がした。次にウィツィロポチトリはセンツォン・ウィツナワを追って、次々に殺害して回った。彼ら兄弟のほとんどはこの時に殺されてしまった。

ウィツィロポチトリは太陽神であり、それと対立するコヨルシャウキは月であると解される。そして四百人のセンツォン・ウィツナワは星々と解することができる。したがってこの一連の神話は天体の神話として読み解くことが可能である。

†ギリシア神話、日本神話との類似

完全武装して生まれた神という点では、ギリシア神話のアテナ（2-1）に通じる。アテナもまた、父であるゼウス大神（1-9）の額から、完全武装して生まれた。またウィツィロポチトリが多くの兄たちを殺害したという話は、日本神話のオオクニヌシ（3-5）に似ているところがある。オオクニヌシには八十神とよばれる兄たちがいたが、ある時彼らの嫉妬を買い、二度殺され、そのたびに生き返り、最後には根の国のスサノオ（6-5）のもとで試練を経て地上に帰り、八十神たちを成敗したのであった。

2-6

ギルガメシュ【メソポタミア／男神】

最古の英雄神

古代メソポタミアに伝わる『ギルガメシュ叙事詩』の主人公。その身体の三分の二は神、三分の一は人間。エンキドゥとの友情、怪獣フンババ退治、洪水を生き残ったウトナピシュティムのもとへの長い旅などが語られている。

†暴君から英雄へ

暴君であったウルクの王ギルガメシュのライバルとして、創造の女神アルルは野人のエンキドゥを粘土から造り出した。ギルガメシュはエンキドゥに神殿娼婦を送った。彼女との交わりにより、エンキドゥは荒野を捨ててギルガメシュの治めるウルクに向かった。二人は激しく争ったが、やがて固い友情で結ばれた。

ある時ギルガメシュとエンキドゥは、香柏《こうはく》（ヒノキ）の森の番人であるフンババを退治するために出かけていった。フンババを退治すると、女神イシュタル（2-3）が現われ、自分の恋人になるよう言うが、ギルガメシュは求愛をはねのけた。怒ったイシュタルは父神と母神に訴え、天の牛を造って地上に送らせた。ギルガメシュとエンキドゥはこの牛をも殺してしまった。

森を荒らし、フンババを殺し、イシュタルの求愛をはねつけ、天の牛を殺害した罪として、エンキドゥに死の運命が宣告された。

エンキドゥを失ったギルガメシュは、やがて自分にもその時がやって来るのを恐れ、かつて永遠の命を得たというウトナピシュティムのもとに出かけて行った。長い旅の末、ウトナピシュティムに会うことができたギルガメシュは、六日七晩の間眠らないでいることを命じられた。疲れていたギルガメシュはすぐに寝てしまい、起きた時には七晩が過ぎていた。眠りは死につながる。結局彼は死の運命を克服することはできなかった。ウトナピシュティムは落胆するギルガメシュに「若返りの草」のありかを教えてやった。

ギルガメシュは苦労して取った若返りの草を川べりに置いて水浴をした。このとき蛇がやって来て、その草を食べてしまった。ギルガメシュは落胆してウルクに帰って行った。

暴君であったギルガメシュが親友を得て友情を知り、親友の死を経験して悲しみと恐怖を知り、若返りの草を取られて死の運命が確定的となって落胆した、というこの話は、暴君だったギルガメシュがさまざまな艱難辛苦をなめたすえに英雄へと姿を変えた、という成長の物語と見ることもできる。

†蛇の脱皮と死の起源

この話の最後の部分で、ギルガメシュは蛇に「若返りの草」を取られてしまったとされている。これが意味するのは、蛇は「若返りの草」を得たので脱皮して若返り長く生きることができるが、人間はそれを蛇に取られてしまったので、脱皮して若返ることができない、老いて死なねばならない、ということである。

蛇の脱皮と人間の死を結び付ける「脱皮型死の起源神話」は世界に多く見られるが、たとえば沖縄の宮古島には次のような話がある。ある時、太陽と月が人間に長寿をもたらそうとして、アカリヤザガマという男を使者として遣わした。彼は二つの桶《おけ》を担いでいたが、一方には「変若水《おちみず》」、他方には「死水《しにみず》」が入れられていた。太陽と月は、人間に変若水を、蛇には死水を与えるように命令したが、使者が途中で休憩した時に、蛇に変若水を浴びられてしまった。使者は仕方なく死水を人間に浴びせて天界へ戻った。報告を受けた太陽と月は怒って、罰として男に桶を担いだまままいつまでも月にいるように命じた。この時から蛇は脱皮していつまでも生きることができるが、人間は脱皮ができないので死ななければならない運命となった。

2-7

スカンダ【インド／男神】

六つの頭を持つ軍神

「クマーラ」（「童子」）、「カールッティケーヤ」（「すばる星団と関連のある者」）という別名を持つ。仏教を介して日本に伝わり、韋駄天《いだてん》と呼ばれる。シヴァ（1-8）とパールヴァティーの息子、あるいはガンジス川の女神ガンガー（4-6）の子とされる。象頭の神ガネーシャとは異母兄弟。

†誕生のひみつ

『マハーバーラタ』にはスカンダ誕生に関する風変りな神話が記されている。火神アグニはある時、聖仙らの中でも最高位の七仙の妻たちに恋心を抱いた。アグニに想いをよせる女神スヴァーハーはそのことを知ると、七仙の妻たちのうち六人の姿を取って、六日間、ア

六つの頭を持つスカンダとその妻たち（ヴァルマ作、19世紀）

グニと交わった。そこで得られたアグニの精液を、スヴァーハーはある山の金の穴に落とした。そこからスカンダが誕生した。

六回に分けて精液が落とされたので、彼は六つの頭を持っていた。スカンダは生まれて四日目にして完全に成長した姿となった。彼は離縁された七仙の妻のうち六人を、天空に上げてすばる星とした。またスヴァーハーの願いを叶えて、永遠に火の神の傍《そば》にいられるようにしてやった。このために、バラモンは祭式において、火に供物を投じる時に「スヴァーハー」と言うのである。

†シヴァ神の系譜だが……

スカンダは種々の病魔を生み出すとされ、恐ろしい疫病神でもある。スカンダ信仰が盛んになるにつれて神々の将軍となり、シヴァ神の系譜に入れられるようになった。後に彼はシヴァとパールヴァティーの息子とされるようになったが、『マハーバーラタ』のスカンダ神話との接続が不明瞭であり、スカンダ信仰の複雑さを表わしている。

2-8

タケミカヅチ【日本／男神】

頼りになる武神

『古事記』によると、原初の神イザナキが子供である火の神カグツチの首を斬った時、その血が石につき、そこからタケミカヅチが生まれ出た。武神、とくに剣の神である。天界の天《あめ》の安《やす》の河《かわ》の上流に住み、「国譲り」神話以前では、他の神々とは交流がなかったとされる。

†「国譲り」神話における活躍

彼が活躍するのは、アマテラス（1-2）とタカミムスヒの主導による「国譲り」神話においてだ。その神話を見てみよう。アマテラスは容易には従おうとしない地上の神々を制圧するため、タケミカヅチを葦原中国《あしはらのなかつくに》に遣わした。タケミカヅチは出雲の伊耶佐《いざさ》の浜に降りて来て、剣を抜いて波頭に差し立てて、その剣の切っ先にあぐらをかいて、地上の主オオクニヌシ（3-5）と向かい合い、葦原中国をアマテラスの息子に譲るように求めた。オオクニヌシは自分では返事をせず、息子のコトシロヌシに答えさせた。コトシロヌシは、この国はアマテラスの御子に譲りましょうと答えた。

するとそこに、オオクニヌシのもう一人の息子タケミナカタが、千人でなければ動かせないような大きな岩を持ってやって来て、タケミカヅチに力比べによる競技を申し出た。まずタケミナカタがタケミカヅチの手を摑《つか》むと、その手が氷柱に変化し、次に剣の刃に変化したので、タケミナカタは恐れて引き下がった。

次にタケミカヅチがタケミナカタの手を摑むと、葦の葉を摑むように握りつぶしてしまった。タケミナカタは遠く諏訪の地まで逃げていき、追いかけてきたタケミカヅチに、決してその地を離れないことを誓い、オオクニヌシとコトシロヌシに従って、葦原中国をアマテラスの御子に譲ることに同意した。このあとオオクニヌシも国を譲ることに同意した。

†対立する戦士像の類型

吉田敦彦と平藤喜久子によれば、タケミカヅチは主神アマテラスの命令に従う文明的な戦士像を体現している。そのタケミカヅチと対立するタケミナカタは野性的な力、とくに腕力によって表わされる戦士の荒ぶる側面を代表している。この点で二人の戦神は対照的なのだ。このような対立する二人の戦神像は、インドの叙事詩『マハーバーラタ』における二人の戦士、ビーマとアルジュナにも表われている。ビーマは野性的な戦士、アルジュナは王である兄に従う従順な戦士であるからだ。

神話学としては、これはインド＝ヨーロッパ語族の「三機能体系説」により解釈が可能である。先述したようにフランスの比較神話学者デュメジルによると、インド＝ヨーロッパ語族の神々の世界は三つの領域に分かれており、第一機能＝王権と聖性、第二機能＝戦闘、第三機能＝生産性、となっている。それぞれの機能は正反対の性質を持つ神や英雄によって分担される。インド＝ヨーロッパ語族ではないものの、日本の神話にもこの構造が当てはめられる。第二機能において、タケミカヅチが文明的な戦士像を、タケミナカタは野性的な戦士像を、それぞれ表わしているのだ。

†雷神と呼ばれる神々

タケミカヅチの名の中には、「イカヅチ」の語が含まれている。「雷」である。彼は武神にして雷神でもあるのだ。

このような、武神と雷神の両方の性質を持つ神として、北欧のトール（2-9）が挙げられる。巨軀《きょく》の戦神であり、雷を象徴するミョルニルと呼ばれるハンマーを持って戦う神だ。また、インドにはインドラ（2-4）がいる。仏教で帝釈天と呼ばれる神だ。彼もまた、戦神にして雷神であり、得意の武器ヴァジュラはやはり雷を象徴する。自然現象としての雷が人々に荒々しい戦神との関連を想起させたのであろう。

2-9 トール【北欧／男神】

神々の守護神

神々の守護神である戦神として、ミョルニルと呼ばれる槌《つち》（ハンマー）を必殺の武器として所有している。おそらくこの槌は雷を表わしている。神々はトールがいないと宿敵の巨人族と満足に戦うこともできない無力な存在になるという。

†巨人との戦いで果たす役割

神々がトールの力を頼っている根拠として、次のような神話がある。神々が定住を始めた頃、巨人の工匠が神々のもとにやってきて、堅固な城壁を一年と半年で造るかわりに、美と愛の女神フレイヤ（4-18）と、太陽と月を報酬として要求した。いたずら者の神ロキ（6-11）のとりなしで、神々は、巨人は一人で城壁を作らねばならないことを取り決めたが、巨人は一頭の馬の助けを借りることを求め、認められた。巨人と馬は大変な速さで仕事をした。約束の日まであと三日という時には、城壁は門を残すのみとなっていた。そこでロキが雌馬に変身して牡馬の気を惹《ひ》いた。二頭は夜通し森を駆け巡った。巨人はその夜仕事を進めることができなかった。巨人が激怒すると、神々はトールを呼び、直ちに駆けつけたトールの投げたミョルニルによって巨人は頭蓋骨を破壊された。

神々の歴史の最初期に、トールは太陽と月と美の女神フレイヤを守ることで、戦神として重要な役目を果たしたのだ。

トールにはシャールヴィという名の従者がいる。二人が巨人と戦う神話がある。そこではフルングニルという角が三つある心臓を持つ巨人を、シャールヴィがトリックを用いて欺《あざむ》き、トールがとどめを刺すという話になっている。フランスの比較神話学者デュメジルはこの神話を、インドの戦神インドラ（2-4）が三つ頭の怪物トリシラスやヴリトラと戦う話などと比較し、それらの神話に共通して見られる、戦士が「三重的」怪物を倒すという神話の起源を、インド＝ヨーロッパ語族の共通神話に求めた。

神々と巨人の最終戦争である「ラグナロク」においては、トールは巨大な蛇ミズガルズと戦い、蛇を倒すが、蛇が最後に吹きかけた毒によって命を落とした。

†雷神と大蛇との近しい関係

トールが花嫁姿のフレイヤに変装して、ロキとともに巨人のもとへ行き、盗まれたミョルニルを取り戻す話もある。筋骨たくましい戦神が女装、しかも花嫁に変装するとはいかにもふさわしくないように思われる。しかしインドではアルジュナ、ギリシアではアキレウス、日本ではヤマトタケル（2－13）といった戦士らが女装する話があり、いずれも戦神・戦士の通過儀礼を表わすものと考えられている。

トールは雷の神であるが、神話ではしばしば雷は蛇と近い関係にある。蛇の形状が稲光に似ていることからの類推であろうと思われる。その雷の神と大蛇の対決、すなわちトールとミズガルズ蛇の戦いは、似たもの同士の衝突と言えるかもしれない。

神話だけでなくいろいろな物語では、このような「似たもの同士の敵対」というモチーフを好んで用いる。たとえばJ・K・ローリング作の『ハリー・ポッター』シリーズでは、主人公ハリーと宿敵のヴォルデモートは、「蛇語を話す」という他に見られない特徴を共有しているほか、ある事件によりハリーの母の「守りの力」をも共有するという構造になっている。

神話ではギリシアでアテナ女神（2－1）が蛇女神であり、その衣にはしばしば蛇の意匠がほどこされているが、彼女は自らが守護するペルセウスに蛇の怪物メドゥーサを退治させている。これもまた敵対者の同質性のあらわれと見ることができるだろう。

2-10

ハヌマーン【インド／男神】

羅刹と戦う猿神

『ラーマーヤナ』で活躍する猿の将軍。父は風神ヴァーユ、母は猿族のアンジャナー。超能力を有し、変幻自在の身体を持つ。熱心なシヴァ（1-8）信者であり、シヴァの化身とされることもある。

†『ラーマーヤナ』での活躍

ラーマ（2-14）に心酔して仕える猿神。ラーマの妻シーターが羅刹王《らせつおう》に誘拐されたとき、その居場所を見つけたのがハヌマーンであった。その後の羅刹軍との戦闘で大活躍し、シーター奪還のため重要な働きをした。

彼は身体を自由に伸び縮みさせることができるということになっていて、たとえばスラサーという女神が彼の前に立ち塞《ふさ》がったとき、彼女に自分の口の中に入るように言われたハヌマーンは、小さな身体になってスラサーの大きく開いた口の中に入ってすぐに出てきた。女神の身体の中に入って出てくるということは、ハヌマーンの通過儀礼と見ることができる。このような身体の大きさを自由に伸縮できるという能力は、中国の猿である孫悟空と似ている。

†『マハーバーラタ』では弟のビーマと遭遇

ハヌマーンは『マハーバーラタ』にも出てくる。『ラーマーヤナ』と『マハーバーラタ』は異なる時代の話とされる。インドの宇宙的時間において、時代は四つに区分されている。最初がクリタ・ユガという黄金時代で、次がトレーター・ユガ、次がドゥヴァーパラ・ユガ、最後にカリ・ユガという暗黒時代になる。『ラーマーヤナ』はトレーター・ユガの時代で、『マハーバーラタ』はドゥヴァーパラ・ユガの時代である。『マハーバーラタ』の大戦争のあと、カリ・ユガが始まることになっている。

その『マハーバーラタ』にはビーマという英雄がおり、父が風神ヴァーユで、ハヌマーンとは異母兄弟である。このビーマが、クベーラ神の庭園に向かう途中、道で眠っているハヌマーンに出会う。ビーマはただの猿と思ってはじめは高圧的な態度を取るが、この猿が兄神であるハヌマーンであると分かると、『ラーマーヤナ』で活躍したときのような姿を見せてほしいと懇願する。ハヌマーンは身体を大きくしてその輝かしい姿を見せてやる。この兄神との邂逅が、ビーマにとっての通過儀礼となっている。

2-11

ヘラクレス【ギリシア／男神】

さまざまな冒険の後、神になった

ゼウス（1-9）と人間のアルクメネの間に生まれた子。ヘラ（4-19）の激しい嫉妬のため、赤子の時になき者とするために二匹の蛇が送られたが、ヘラクレスはたやすく握りつぶしてしまった。長じてさまざまな冒険をしたのち命を落とすが、死後ヘラと和解し、彼女の娘である青春の女神ヘベを妻に迎えた。

ヘラクレスとヒュドラ（ポッライオーロ作、15世紀）

ゼウスと人間の女性との間には多くの英雄が生まれたが、その中で、神々の仲間入りを果たした英雄は二人しかいない。一人はディオニュソス（3-9）、もう一人がこのヘラクレスである。

†十二の難事と壮絶な死

十八歳の時にはキタイロン山のライオンを退治し、そのライオンの皮を鎧の代わりに身に着けるようになった。結婚し子供もできるが、再びヘラの嫉妬により狂気を送られ、妻と子供らを殺害してしまう。この罪を浄《きよ》めるため、彼は血縁関係にあるエウリュステウスに仕えて十二の困難な仕事をすることになる。

1 コリント地方に住むネメアのライオン退治
2 アルゴス地方のレルネの沼地に住む九つの頭の怪物ヒュドラ退治
3 ペロポネソス半島北部のアカイア地方の山に住む牝鹿を生きたまま捕らえること
4 アルカディア地方のエリュマントス山に住む猪《いのしし》の生け捕り
5 エリス地方のアウゲイアス王の牛小屋の掃除
6 コリント地方の森に住む猛禽《もうきん》退治
7 クレタ島の牡牛を捕まえること
8 トラキア王ディオメデスの人食い馬を捕らえること
9 北方に住む女だけの部族アマゾンの女王ヒッポリュテの帯を持ち帰ること
10 大洋オケアノスの先にある世界の西の果てのエリュテイアで怪物ゲリュオンが飼う牛を連れ帰ること
11 世界の西の果てにあるヘスペリスの園からリンゴを持ち帰ること
12 冥界に赴き、番犬ケルベロスを生きたまま連れ帰ること

松村一男によると、この一連の功業は、仕事の場所が「だんだん遠くなる」という特徴がある。つまりギリシア本土から遠い土地へ、ついには西の果てや冥界にまで行く。仕事の困難さとその場所まで行く困難さが比例しているとみることができる。

ヘラクレスの死は壮絶である。捕虜とした年若き王女イオレに嫉妬した正妻デイアネイラが、かつて半人半馬のケンタウロスのネッソスから受け取った血のついた布を、ヘラクレスが着用する礼服に縫い込んだ。夫の心を取り戻したい一心であった。しかしこれは猛毒であった。毒に犯されたヘラクレスは薪を積み上げさせ、これに昇り、火をつけさせて人間としての身体を焼き尽くした。そして天界に昇り、神の地位を得たのであった。

†三つの機能的な罪をすべて犯した

フランスの比較神話学者デュメジルによると、インド＝ヨーロッパ語族の神話の戦士には二つのタイプがある。武器を持って戦場で戦う文明的な戦士と、その腕の怪力を特徴として怪物などを退治することを得意とする野性的な戦士である。ヘラクレスは後者に属し、同じギリシア神話のアキレウスは前者に属する。インドでは、『マハーバーラタ』の英雄アルジュナが前者、ビーマが後者である。

さらにデュメジルは、ヘラクレスは「三つの機能的な罪」を犯していると説く。一つ目はエウリュステウス王の命令に従わず、神々の命令を無視した罪である。二つ目はエウリュトス王の息子を罠にかけ、決闘ではなく欺《あざむ》きによって彼を殺す。三つ目は、正妻がいるにもかかわらず若い王女を捕虜にして愛人としたことである。

一つ目の罪は「聖性・王権」に対する罪であり、二つ目は正当な戦いによらずに相手を殺した「戦闘」の機能に関する罪であり、第三の罪は「愛」を裏切る罪であるといえる。つまりこれらは、インド＝ヨーロッパ語族に特徴的な三つの機能、第一機能（聖性・王権）、第二機能（戦闘）、第三機能（豊穣・生殖）の全てに対する罪であり、しかもヘラクレスはこれを第一機能から順番に犯している。

インド＝ヨーロッパ語族に属する神話には、このようにデュメジルの三機能体系説に基づいて考察することで初めてその意味を捉えることができる場合が多い。これは他の神話体系には見られないものである。例外として、吉田敦彦によれば、インド＝ヨーロッパ語族からの間接的な影響によって、日本神話には三機能体系が見られるという。アマテラス（1-2）が第一機能、スサノオ（6-5）が第二機能、オオクニヌシ（3-5）が第三機能であると説かれている。

2-12

モリーガン【ケルト／女神】

祝福と呪いの戦女神

三人一組の恐るべき戦いの女神の一人。戦場において自らは戦わず恐怖を撒《ま》き散《ち》らす。烏《からす》の姿で現われることもある。

†ダグダとの情事

ケルト神話でとりわけよく現われる「三つ組」の女神の一人がモリーガンである。その構成は、「亡霊の女王」モリーガン、「カラス」バッヴ、「激怒」ネヴィンか、あるいはマハである。この三女神は同一視されることも多く、その境界はきわめて曖昧である。彼女らは直接武器を持って戦うわけではない。戦場において、ただその存在のみで恐怖感をあたりに撒き散らす。

女神ダヌの一族のダグダ神（1-10）はある時、コナハトの川のほとりでモリーガンに出会う。彼女は三つ編みにした髪を九本垂らし、両足を川の南岸と北岸に乗せて水浴をしていた。二人が交わった場所は「夫婦のベッド」と呼ばれている。モリーガンはこの時ダグダ神に戦場における援助を約束した。

†英雄クー・フリンへの執着

モリーガンに関して、ケルト神話の英雄クー・フリンとの間にも興味深い神話がある。『レガウォンの牛捕り』という文献によると、眠っていたクー・フリンは大音響で目を覚ます。戦車に乗って出発すると、彼は異様なものを目にした。一本足の赤い馬が戦車を引き、そこには「赤い女」が乗っている。眉も服も赤い。戦車に乗る大男も赤い服をまとっている。クー・フリンに威嚇された女は鳥となってクー・フリンと会話を続け、戦争における援助を約束した。

また、『赤牛の書』(一一〇〇年頃の写本)が伝える『クアルンゲの牛捕り』本編によると、ある時クー・フリンのもとに、ひとりの若い貴族の女性がやって来て、自分はあなたを愛しているから、財宝と牛を贈りたいと言う。クー・フリンが女性の魅力になびかず不愛想にしていると、女は本性を現わした。彼女こそがモリーガンだったのだ。モリーガンは、最初の川の渡し場でウナギになってお前に巻き付くと言って脅し、次には雌狼になり、浅瀬では家畜を放ってやると言う。クー・フリンは投石器で彼女の片目をつぶし、また片脚を折り、自分の祝福がなければ治らないぞと脅す。物語が進むと、怪我をした老女が現われ、クー・フリンに祝福を受けて治してもらう。この老女がモリーガンであった。

クー・フリンの最後の戦いにおいて、彼が戦車に乗ると、彼の武器が足元に落ちた。クー・フリンは戦場で致命傷を負い、立ったまま死ぬために我が身を杭に縛り付けた。モリーガンは鳥の姿となって彼の肩に留まった。彼の死を示すためかもしれないが、あるいはその死を悼むためであったのかもしれない。

†なぜ「三つ組」なのか

モリーガンは部分的に北欧ゲルマンの神話のヴァルキュリアと似ている。どちらも戦女神で、地上における戦場に舞い降りる。「戦乙女」ヴァルキュリアたちは戦場で力ある勇士を選び、死の運命を定める。そして天界に連れて行き、来たるべき巨人族との戦い「ラグナロク」の重要な味方として、その時まで歓待を続けるのだという。

モリーガンの特徴は「三つ組」であるが、ケルトでは頻出する観念であるほか、インド＝ヨーロッパ語族の神話にも特徴的に現われる。たとえば三点一組の宝物の話などが各地に見られる。それだけではなく、そもそも世界の神話や昔話は「三」という数を好んで用いる。筆者の考えでは、おそらく「三」という数字が、文法的に、「私＝一」（単数）、「あなた＝二」（両数）でもない、最初の「他者＝三」（複数）となるからではないだろうか。つまり最初の複数であり最初の他者として、「三」という数字が用いられているのだろう。

2-13

ヤマトタケル【日本／男神】

悲劇の英雄

『古事記』中巻などに語られる英雄。景行天皇の息子で、もとはヲウスノミコトという名であった。兄を殺害した事件により父である天皇に疎まれ、西方のクマソタケル制圧を命じられる。ヲウスは叔母のヤマトヒメから借りた女性の衣服を着てクマソタケル兄弟の宴席に侍《はべ》り、油断した兄を斬り殺した。弟のクマソタケルを殺そうとしたとき、彼から「ヤマトタケル」の名前を捧げると言われ、以降その名を名乗るようになった。

†草薙剣を携えて東方征伐へ

ヤマトタケルがクマソタケル征伐を終えて都に帰ると、父の景行天皇はすぐに東方征伐を命じた。ヤマトタケルは軍兵もつけずに出征させられることを嘆いたが、命令に従った。叔母のヤマトヒメは彼に草薙剣《くさなぎのつるぎ》と一つの袋を与えた。この剣はスサノオ神（6-5）がヤマタノオロチの尻尾から発見してアマテラス（1-2）に献上し、代々の天皇に受け継がれてきた剣であった。

ヤマトタケルが相模に至った時、国造《くにのみやつこ》に欺《あざむ》かれて野に火をつけられたが、草薙剣で草を刈り払い、叔母からもらった袋の中の火打石で向かい火をつけ、国造どもを成敗した。走水《はしりみず》の海を渡ろうとした時、海の神が波を立てたため船を進めることができなかった。后のオトタチバナヒメが生贄《いけにえ》となって海に入り神を和《なご》めた。

さらに東方へ進み、荒ぶる神や人を成敗し、尾張で結婚の約束をしていたミヤズヒメのもとに立ち寄った。ヤマトタケルはミヤズヒメのもとに草薙剣を置いて、素手で山の神を討ち取ると言って出かけた。山で神の化身である白猪に出会ったが、これを神の使者と誤認した。ヤマトタケルは病を得て、大和へ向かう途中能煩野《のぼの》で四首の歌をうたって死去した。その魂は大きな白い鳥となって天へと飛び立った。

†対照的な父子関係

『古事記』のヤマトタケルは父に愛されず恐れられ、都から遠ざけられて各地で戦いを強いられた悲劇の英雄である。他方、『日本書紀』では、ヤマトタケルは父から愛情を受けて信頼されており、父子の関係はきわめて良好である。二つの文献において、父子の関係が正反対に描かれている。

『古事記』において、父の愛を得られず嘆き、故郷を想うヤマトタケルの姿は、スサノオに重なるところがある。スサノオは生まれた時から母を恋しがって泣き、世界を混乱に陥れたが、ヤマタノオロチを退治することで世界の秩序化に貢献もしている。親への叶わぬ想いと、武力による世界の秩序化という点で、両者は共通の要素を持っている。

†名を授かること／神話と剣

ヤマトタケルが弟のクマソタケルから名を授かるということに関して、倒した相手の名の一部を名乗ることになるわけだが、似た話がインドにもある。チャームンダーと呼ばれる恐るべき戦女神の名であるが、これはチャンダとムンダという悪魔の将軍を殺したので、その悪魔たちの名前から取って、ドゥルガー女神（4-15）がチャームンダーと命名したのである。チャームンダーはカーリー（4-5）という名の女神としてもよく知られている。

ヤマトタケルは剣の英雄である。剣と共に戦い、その剣を手放した時に運が尽きて命を落とした。とくに剣を手放してから死に赴くことに関して、アーサー王やインド神話のアルジュナと似ている。アーサー王は名剣エクスカリバーを湖の乙女に返して、それから死の世界でもあるアヴァロン島に去っていった。アルジュナは神弓ガーンディーヴァを本来の持ち主である水神ヴァルナ（1-3）に返してから死出《しで》の旅に出た。英雄と武器の強い結びつきを示す神話である。

2-14

ラーマ【インド／男神】

輝かしいヴィシュヌ神の化身

インド二大叙事詩のひとつ『ラーマーヤナ』の主人公の王子。コーサラ国のダシャラタ王とカウサリヤー妃の間に生まれた。異母兄弟にラクシュマナ、シャトルグナ、バラタがいる。いずれの子もヴィシュヌ（1-4）の神徳を授かっていたが、特にラーマは魔王ラーヴァナを退治するためヴィシュヌが化身したものだった。

†妻シーターの救出劇

ラーマはジャナカ王のもとで強弓を引いて王女シーターを妻に得た。帰国し幸福に暮らしていたが、ダシャラタ王の妃カイケーイーの奸計《かんけい》により、ラーマは皇太子の座をバラタに譲り、森に追放される。弟のラクシュマナと妃のシーターがラーマに従って森に入った。ところがシーターは悪鬼である羅刹王《らせつおう》ラーヴァナに誘拐される。シーターを求めてラーマとラクシュマナの苦難の旅が始まる。二人は猿神ハヌマーン（2-10）の助力を得てランカー島に幽閉されているシーターを見つけ出し、ラーヴァナの軍と戦争をして勝利を収め、シーターを取り戻す。ところがラーマは誘拐されていた間のシーターの貞操を疑い、潔白を証明することを求める。シーターは火の中に入っていったが、火神アグニは彼女を燃やさなかった。これによりシーターの身の証しが立った。

国に戻ったラーマは王位に就いたが、民衆から再びシーターの貞操への疑念が湧きおこったため、ラーマは彼女を森に追放する。シーターは双子のクシャとラヴァを産み、その後再度ラーマに貞操の証明を求められた時、大地に生じた割れ目から、その中に入っていった。シーターは大地の女神そのものだったのだ。

†天地分離の宿命

ラーマとシーターの物語は悲恋である。これには神話的な背景があるものと考えられる。ラーマは天界の主神ヴィシュヌの化身である。死後はヴィシュヌのもとに合一した。一方、シーターは赤子の姿で田の畔《あぜ》から発見された、大地の女神であり、死後は大地の中に入っていった。つまりラーマは天であり、シーターは大地であるのだ。神話では、天空と大地は離れていなければならない。そこで「天地分離」の神話が各地で語られた。天であるラーマと大地であるシーターもまた、離れていなければならない天地の神話を背景に持つのだ。

第3章
豊穣神——恵みをもたらす神々

豊穣を司るフレイのような神の他、自身が植物そのものであり、植物のように年ごとに死んではまた再生することを繰り返すドゥムジ・タイプや、死んでその身体から有用植物を発生させるハイヌウェレ・タイプ（トウモロコシ娘タイプ）などがある。

左端がフローラ
（「プリマヴェーラ」部分。ボッティチェリ作、15世紀）

3-1

イアシオン【ギリシア／男神】

女神に愛された植物神

大地の女神デメテル（3-10）に愛された人間だが、その本質は植物神、特に畑の神。

†女神と恋に落ちた人間の英雄

詩人ホメロスの『オデュッセイア』や詩人ヘシオドスの『神統記』によると、デメテル女神は人間（英雄）のイアシオンと恋に落ち、クレタ島の豊かな里の、三度鋤《す》き返された畔《あぜ》の中で契りを交わした。これによって富の神プルトスが生まれた。

ところが神々は、これを快く思わなかった。男神はゼウス（1-9）を筆頭にしばしば人間の女性と交わりを持つのに、女神が人間の男性と交わりを持つのが許せない。男性社会であったギリシアらしい考えである。そこでゼウスは雷でイアシオンを殺してしまった。

一説には、イアシオンは殺されることなく、デメテルは老いた彼の白髪を見て悲しんだのだともいう。

†「死ぬ植物神」の系譜

イアシオンは人間であるが、その背景には死ぬ植物神の神話がある。

世界の神話で、植物、あるいはそれに関連する神は死を経験することが多い。これには二つの系統があり、一つは「ハイヌウェレ型神話」(3-14)で、生きている間は排泄物として食物などを出した神的女性が殺されて、その死体から植物が生えてくるとするもの。もう一つがオリエントからギリシアに広く分布する「死ぬ植物神」であり、これは大女神と対をなすことがほとんどである。古くはシュメールのイナンナ(2-3)とドゥムジ(3-12)、その神話を引き継いだメソポタミアのイシュタル(2-3)とタンムズ、ギリシアではアプロディテとアドニスがこれに相当する。デメテルとイアシオンの神話も、この「死ぬ植物神」の系譜にあると考えてよいだろう。

3-2
イズン【北欧／女神】

不老不死のリンゴの守り手

神々は基本的前提として不老不死であるが、「老いる神」あるいは「死ぬ神」の神話もある。エジプトの太陽神ラー（1-18）は老齢に悩まされた神だ。北欧では、神々は女神イズンが守るリンゴを食べて若さを保っている。逆に言うと、北欧の神々の不老不死性はイズンに依存していると言えるだろう。

†イズンが誘拐されると……

北欧の神々は一度だけ老齢に怯《おび》えたことがある。イズンが誘拐された時だ。ある時巨人のシャツィがイズンを連れ去ったために、神々は年をとり始めた。神々はことの原因を作ったロキ（6-11）をおどして、イズンを連れ戻すよう命じた。ロキはフレイヤ（4-18）に鷹《たか》の羽衣を借り、鷹に姿を変えて巨人の世界ヨトゥンヘイムに行き、シャツィが不在の間にイズンを木の実に変えて自分の鉤爪《かぎづめ》にひっかけ、全速力で飛び去った。帰宅したシャツィは鷲《わし》に姿を変えてロキを追った。神々はこの二羽を見て、神々の世界アースガルズの壁の下にかんな屑《くず》を運び出し、鷹が砦《とりで》の中に入るや、かんな屑に火をつけた。後から飛んできた鷲の羽に火が移り、鷲は飛ぶのをやめた。そこで神々は巨人を殺害した。

この神話では、神々にとって貴重な不死のリンゴを持つイズンを、鳥の姿に変身したロキが連れ戻すと語られており、鳥と不死の果実との関係を見て取ることができる。するとこの神話は、イラン系遊牧民族に属するスキタイ系オセット人の「ナルト叙事詩」に語られる次の話と比較できる。

†不死の果実を鳥が盗む

村の構成員であるナルトたちの果樹園に、黄金の果実を実らせる不思議なリンゴの木があった。その実はどんな傷や病気でも治すことのできる不思議な力があった。その木には毎日新しい実がなり、昼の間に熟し、夕方には食べごろになるのだが、夜の間に決まって誰かに盗まれるのであった。そこでナルトたちは交代でこの木の番をした。双子の若者エフサルとエフセルテグが木の番をする順番になった。二人は交代で眠りながら番をすることにした。

エフセルテグが見張っている時、三羽の鳩が木に止まり、リンゴの実に触れようとした。エフセルテグが矢を放ってそのうちの一羽を射た。鳩たちは逃げたが、傷ついた一羽の鳩から流れた血が地面に跡を残した。エフセルテグはその血痕を追って海底の神ドンベッテュルの屋敷へたどり着き、三羽の鳩が実は彼の三人の娘で、そのうちの一人ゼラセが傷つき臥《ふ》せっていることを知った。エフセルテグは傷ついた鳩の残した血を用いて彼女の傷を治した。そして二人は結婚した。

ここでの黄金のリンゴは不死の果実でこそないが、明らかにそれに類するものであり、やはり鳥である鳩がこれを盗むという点で、北欧の神話と似ている。北欧ゲルマンも「ナルト叙事詩」のオセット族もインド＝ヨーロッパ語族という言語の仲間であるので、「鳥が不死の果実を盗む」という神話が、インド＝ヨーロッパ語族の共通神話として存在した可能性が想定される。

†不老不死の神話に共通するもの

ロキは鷹に変身してイズンを取り戻した。「ナルト叙事詩」では海の神の娘が鳥に変身して不思議な力をもつリンゴの実を取った。鳥と、不死やそれに類する力をもつ果実が関連づけられている。このことで思い起こされるのは、インドで鳥の王ガルダが神々の不死の飲み物アムリタを奪った話だ。アムリタと混同されることの多い神々の飲料ソーマもまた、鳥によってもたらされた。不老不死と鳥は神話では関係が深いようだ。

3―3
インカリ【インカ／男神】　未来に現われる復活した王

名称は「インカ」という語にスペイン語で「王」を意味する「レイ」をつなげたもの。十六世紀のこの地域へのスペイン侵略以来続いてきたスペイン人支配による社会を崩壊させ、最高の統治者としてインカリが復活するという未来予言神話である。

†頭と胴体

インカリ神話はさまざまに伝えられているが、その一つを取り上げたい。インカリは母なる大地と父なる太陽の息子である。彼は太陽を縛りつけて時間が長持ちするようにした。石を自由に歩かせる力も持っていた。インカリは黄金の橋を作ったが、それが完成しないうちに、征服者ピサロによって殺された。ピサロはインカリの頭を切り落とし、それをスペインに送った。彼の身体はこの地に残った。インカリの頭はスペインで生きていて、毎日口ひげを剃《そ》るのだという。やがて世界が転覆する時が来る。その時にインカリは戻ってきて、大昔のように大地を歩む。

この話はインカリ神話の一つのヴァージョンであるが、他に、インカリの頭から胴体が切り離され、残っているのは頭だけだとする話も多い。インカリの頭は成長していて、やがて胴体ができあがる。元の姿に戻る時が彼の復活の時だ。

†ハイヌウェレ型神話がここにも

このインカリ神話を読み解くのに重要になるのが、文化人類学者の友枝啓泰《ともえだひろやす》が注目したアンデスのインディオの間で行われる農耕儀礼である。「死者の頭を植える」という意味の「アヤ・ウマ・タルプイ」と呼ばれるこの儀礼では、その年に初めて植える水気のないしなびた種芋が死者の頭に見立てられる。この死者の頭というのがインカリの切り取られた頭を連想させる。それだけではなく、インカリの頭は成長して身体が生えてくるわけだが、これは芋《いも》栽培に通じる。芋は、切り刻まれた種芋が地面の下で成長するからだ。

谷口智子は、これらのことから、インカリ神話をハイヌウェレ型神話（3-14）であると説いた。ハイヌウェレ型神話は芋栽培と強く結びついており、殺されてその身体を断片にされたハイヌウェレが地面に埋められ、そこから初めて芋が発生したのだった。ハイヌウェレ型神話がしばしば首狩りの習俗と結びつけられることも無関係ではないだろう。

谷口によると、アンデスには古来、神の死んだ身体から有用植物が発生するというハイヌウェレ型の神話が存在した。たとえば月神パチャカマックの神話では、最初の男女はパチャカマックによって創造されたが、十分な食糧を与えられなかったので男は死んだ。女が太陽神に祈ると、彼女は太陽光線により一人の息子を産んだ。パチャカマックは怒り、新生児をとらえて殺し、解体した。するとその死体の断片から、トウモロコシやマニオク（キャッサバ）、イモ類、カボチャやマメ科のパカエなどが発生した。

インカリ神話はこのようなハイヌウェレ型神話の派生形であると考えられる。それがスペインの支配という現実の歴史と結びつき、未来に現われることになる救世主としてのインカリ神話が成立したのであろう。

†未来を描く神話

インカリ神話は、インド神話におけるヴィシュヌ（1-4）の化身のひとつで、未来に現われることになっているカルキの化身に通じるところがある。カルキはインド神話の四つの時代区分の最後にあたるカリ・ユガ期の終末に現われ、悪人たちを成敗し、新たな黄金時代クリタ・ユガを導くとされる。このカルキ神話は仏教の弥勒《みろく》信仰につながることになる。キリスト教における、未来に出現するという千年王国の思想も、類似のものとして考えることができるだろう。

3-4 エンキ／エア【メソポタミア／男神】

農耕などを広め、人間の味方をしてくれる

シュメール語でエンキ、アッカド語でエアと呼ばれる。マルドゥク（1-17）の父で、知恵と創造の神。

†洪水から人間を救う

呪術、技術、工芸の神でもあり、土から人間を造る術を母神に教えた。シュメールとアッカドの洪水神話の中で、一人の人間（アトラ・ハシスあるいはウトナピシュティム）に神々の洪水の計画を教え、そこから助かる方法を伝えることで人間の存続を可能にした。この話は『旧約聖書』の「ノアの箱舟」の話とそっくりであるが、メソポタミアから『旧約聖書』へと影響が及んだことが確実視されている。

冥界にとらわれたイナンナ／イシュタル（2-3）を助けて生き返らせたのも彼である。舟で世界をめぐり、都市、農耕・牧畜、工芸などを司る神々を任命した。

†世界各地に似ている神々が……

エンキ（左）が肩から水を噴出させている（紀元前2300年頃のアッカド円筒印章より。akg-images/アフロ）

主神（マルドゥク）よりも世代の古い神であり、なおかつ人間に味方をする神という点で、エンキ／エアはギリシア神話のプロメテウス（5-8）に通じるところがある。プロメテウスは人間のために火を盗んだ罪で岩に縛り付けられ、鷲《わし》に肝臓を喰われ続けた。また、息子のデウカリオンに、ゼウス（1-9）の洪水計画を伝え、船を造らせて助けたのも彼であった。

農耕や牧畜を地上に広めて回ったとする神話からは、エジプトのオシリス（7-4）を想起させる。オシリスもまた、妻のイシス（4-2）とともに地上に農耕を広めて回って豊かな土地にしたからだ。

3-5

オオクニヌシ【日本／男神】

浮気性の豊穣の神

豊穣の神であり、こびとの神スクナビコナと協力して「国作り」を行い、地上を豊かな大地に変える働きをした。国作りとは、国土に農業や医療を広める事業のことをいう。オオクニヌシと対をなすスクナビコナは穀粒そのものの神である。したがって、農業の神としてのオオクニヌシが、スクナビコナという穀粒を携えて、それを各地に広めて回ったということだ。

またオオクニヌシはスセリビメ（4-9）という正妻がいながら、土地の女神たちと次々に結婚するが、それはこの神が体現する、各地に豊穣を授けてまわる豊穣神としての働きの神話的表現である。つまりオオクニヌシの豊穣は、「オオクニヌシとスクナビコナが穀粒を広めて回ったこと」と「オオクニヌシと土地の女神たちの結婚による地上の豊穣」という二つの形で表わされている。

†「因幡の白兎」を助けた神様

オオクニヌシに関する神話としては、「因幡《いなば》の白兎《しろうさぎ》」が有名である。

オオクニヌシには多くの兄たちがいたが、ある時この大勢の兄（八十神《やそがみ》）たちは、因幡のヤガミヒメに求婚しに連れ立って出かけた。オオクニヌシは荷物を背負ってお供としてついていった。気多《けた》の岬までやって来た時、毛皮を剝《は》がれて丸裸になった兎に、八十神は塩水を浴びると良いと教えた。傷はますます悪化した。

後からやって来たオオクニヌシがそれを見つけて訳を尋ねた。兎の語るところによると、兎はもともと淤岐島《おきのしま》にいて、こちら側に渡るために、海にいるワニたちを騙《だま》して、どちらの一族の数が多いか数えるからと言って島から岬まで一列に並ばせた。兎はワニの背を、数を数えながら踏んで岬まで渡り、地上に下りる寸前に、うっかり「お前たちは騙されたのだよ」と言ってしまった。すると一番先頭にいたワニが兎を捕まえて、皮をすっかり剝ぎ取ってしまった。それで兎が泣いていると、八十神たちが間違った治療方法を教えたので、傷が悪化してしまったのだった。

オオクニヌシは、兎に正しい治療法を教えてやった。兎はすぐに川の河口に行って、真水で体を洗い、その河口の蒲《がま》の花粉を取って撒《ま》き散《ち》らし、その上に寝転がると、すっかり体が元通りになった。これが因幡の白兎で、兎神と呼ばれている。兎は大変喜んで、オオクニヌシに、「あの八十神は決してヤガミヒメと結婚することはできないでしょう、きっとあなた様と結婚されるでしょう」と言って彼を祝福した。

この話は、東南アジアの動物説話と驚くほどよく似ていることが知られている。たとえばインドネシアでは、「洪水のために川を渡ることができなくなった鼠鹿《ねずみじか》が、ワニを騙して呼び集めて、その背を踏んで川を渡り、愚かなワニをあざけった」という話がある。オオクニヌシの話と何らかの系統的な関連があるのは確実であろう。

その後オオクニヌシは、二度も八十神に殺され、そのたびに生き返る。このままでは本当に殺されてしまうと思った母の勧めで根の国の祖先スサノオ（6-5）のもとへ行き、その娘スセリビメ（4-9）を妻とし、スサノオの課す試練を乗り越えて妻と共に地上に帰り、八十神を征伐して国土の主となった。豊穣神らしい浮気を続けたオオクニヌシであったが、最後にはスセリビメの説得に折れ、二人抱き合って仲良く鎮座しているのだという。

†「死と再生」を繰り返す

オオクニヌシは死と再生を繰り返す神だ。八十神に二度殺され、生き返る。そのあと根の国に行くが、そこはスサノオの支配する死の世界だ。そこから帰って来ることもまた、死と再生を意味している。このような死と再生という特徴は、豊穣神に特有のもので、たとえばギリシアのアドニスも年ごとに死と再生を繰り返す神であるし、エジプトの豊穣の神であるオシリス（7-4）もまた、死んで蘇る神話を持っている。

3-6

カーマ【インド／男神】

恋の矢を射る愛の神

名称の意味は「愛欲」「意欲」。サトウキビの弓と花の矢を持ち、人の心に恋を吹き込む。オウムに乗り、海獣マカラを旗標とする。妻はラティ、友に春の神ヴァサンタがいる。

†シヴァ神に恋の矢を射ようとするも……

オウムに乗るカーマ

インド最古の宗教文献『リグ・ヴェーダ』では、カーマは「愛欲」というよりは「意欲」であり、世界創造の時に最初に現われた原初の存在である。ヒンドゥー教ではもっぱら「愛欲」の神とされる。カーリダーサの叙事詩『クマーラ・サンバヴァ』では、カーマはシヴァ（1-8）がパールヴァティーと恋に落ちるようにと、シヴァに恋の矢を射ようとするが、いち早く気づいたシヴァによって燃やされて灰になってしまった。しかしその後生まれ変わり、やはり生まれ変わっていた妻のラティと再会した。

†愛の力と世界の創造

カーマが原初の神であることに関して、ギリシアのエロスが想起される。エロスもまた愛の神で、弓矢を射て神にも人にも恋心をかきたてる。このエロスも原初の存在として、世界創造の最初期に生まれたことになっている。また『古事記』では、世界のはじまりの時に、タカミムスヒとカムムスヒという神が生まれたが、この名称の後半部分の「ムスヒ」は「生産の霊力」といった意味で、やはり原初の時に、愛に近い概念である生産の神が生まれているとみることができる。

人も動物も愛欲によって新たな生命を誕生させる。その愛の力が、世界の創造にも必要であったという神話的思考が見て取れる。

3-7

后稷【中国／男神】

地上に種を蒔き、死後も植物を広めた

中国の農耕神は古代の帝王とされる神農か后稷《こうしょく》かに収斂《しゅうれん》されるようだ。ただしこれも地域によって違ってくる。后稷は生前と死後の両方にわたって植物の繁茂と関連付けられている。

†植物と動物の楽園

后稷は各地にさまざまな種を蒔《ま》くことで地上に食物をもたらした。死後、蘇生したという伝説がある。あるいは后稷の墓の周りには美味しい豆類や稲や雑穀などが実っていて、四季を通じて植物が繁茂し、鳳凰などの瑞鳥が歌い、舞う。多くの獣が住んでおり、一種の楽園であるとされる。

†ハイヌウェレ型とは断定できない

中国の神話は断片的なものが多いが、后稷に関しては、生前は地上に穀物をもたらしたこと、死後、蘇生した、あるいはその墓からさまざまな植物が生えたということで、ハイ

ヌウェレ（3-14）的な要素を一部に見出すことができる。ハイヌウェレの場合、生きている間は大便として食物などを出し、死ぬと死体が食用植物になったという話なので、后稷をこれと比較すると、生前に穀物をもたらしたことと、死後、はっきりとそうは書かれていないものの、その死体から植物を発生させたらしいことが、類似点として浮かび上がる。

中国にハイヌウェレ型の神話があったか否かについては議論が分かれている。はっきりとハイヌウェレ型と呼べそうな話は見つかっていないのだ。しかしもしこの后稷の話をハイヌウェレ型とすると、中国に、雑穀などの起源譚としてハイヌウェレ型神話が語られていたことになり、神話学上重要な位置づけとなるが、現段階では断定できない。

なお、后稷が死後蘇生したという話に着目すると、オリエントからギリシアにかけて見られる「死んで蘇る植物神」の系譜にもつながることになる。

3-8

コーン・メイドン【北アメリカ／女神】

自らの血からトウモロコシを発生させた

北米に広く伝わるトウモロコシの神。女神であることが多い。中米では男神であることもある。

†漁師の夫と料理する妻

チェロキー族のカナティという猟師の男と、その妻セルは世界最初の男女だった。一人息子がいたが、実は彼には双子のきょうだいがいて、この子供がいたずら者で、カナティが世界中の動物を隠している洞窟に行き、その動物たちを外に出してしまった。

妻のセルの方は、トウモロコシと豆の料理をしていたが、腹を擦《こす》ってトウモロコシを出し、腋下を擦って豆を出しているのを、子供に見られてしまう。皆は彼女を魔女だと言って殺そうとする。セルは、自分を殺したら広い土地を切り開いて、その上で自分の死体を七度引きずり、その後一晩中見守っていたら、朝にはたくさんのトウモロコシが実っているだろうと告げる。セルを殺した翌朝に、セルの血が滴《したた》ったところからトウモロコシが生えた。そのことから、セルはコーン・メイドンと呼ばれることになる。

†体、汚物、食用植物

この神話は、インドネシアなどに広く見られる食用植物の起源譚であるハイヌウェレ型（3-14）にきわめて近い話である。ハイヌウェレ型では、生前、身体から汚物を出す方法で食物を出していた神的存在が殺されて、その死体から食用植物が発生した。セルもやはり、垢という汚物として食物を出していたが、殺され、その血からトウモロコシが発生したというので、やはりハイヌウェレ型と言えるだろう。

トウモロコシは、今あるトウモロコシがどのようにしてできたのかその起源が分かっていない不思議な植物であるという。都市伝説では宇宙人がもたらしたのだとも言われるほどだ。人類はそのトウモロコシにかなり依存して生活している。人間が食べるだけでなく、多くの家畜の飼料となっているからだ。神話はそのトウモロコシの起源を女神的存在の犠牲によるものとしたのだ。

3-9

ディオニュソス【ギリシア／男神】

バッコス（右下）とヴィーナス（右上）、アリアドネ（左）（ティントレット作、16世紀）

葡萄酒の神

バッコスとも呼ばれる。最高神ゼウス（1-9）と人間のセメレの子。セメレが妊娠したまま死んだので、ゼウスが胎《はら》から赤子を取り出して自らの腿《もも》に縫い付けて養育し、時が満ちるとそこから取り出して誕生させた。ゼウスと人間の女性との間には多くの英雄が誕生したが、そのうち神々の仲間入りを果たしたのは二人しかいない。一人はヘラクレス（2-11）、もう一人がこのディオニュソスである。

†悲劇や讃歌に登場するディオニュソス

ゼウスの腿から生まれ出たディオニュ

ソスは、母の姉妹であるイノに預けられたが、ゼウスの正妻ヘラ（4-19）の嫉妬は彼女にまで及び、イノは夫に迫害されて実子のメリケルテスを抱いて海に身を投げて死んだ。ディオニュソスはニュサと呼ばれる場所の精霊ニンフにゆだねられた。長じてディオニュソスは各地を放浪してインドにまで達したという。やがて古代アナトリア（現代のトルコ）にやって来た時、その地でヘラによって送られた狂気を癒され、自ら狂気を操れるようになった。

エウリピデスによる悲劇『バッコスの信女』によると、ディオニュソスの力により狂乱状態になった女たちが山野へ繰り出し、獣たちを捕らえて引き裂き、喰いながら陶酔するという場面がある。この神の非日常性は、アポロン神（5-3）の体現する日常の正反対に位置する。

さまざまな神々の讃歌を集めた作者不詳の『ホメロス風讃歌』によると、小アジアのある岬に立っていた麗しい青年を海賊どもが見つけて誘拐した。彼らは青年を捕縛しようとしたが、枷《かせ》もきかず、縛りつけることもできない。青年は静かに微笑みをたたえるばかりだ。舵取りが気づいて海賊たちに忠告したが無駄であった。船は沖に出た。すると不思議なことが起こった。葡萄《ぶどう》酒が甲板を流れ、葡萄の蔓《つる》があちこちに絡みついて豊かな実が生《な》る。海賊らは驚いて急いで船を岸に戻そうとしたが、神である青年は恐ろしい獅子の姿に身を変じて海賊たちにとびかかる勢いであった。船尾に集まった海賊たちは次々に逃げるように海に飛び込んだが、その姿は人間ではなく、イルカとなっていた。舵取りだけは許されて、この神、すなわちディオニュソスの名を知ることになった。

†人間を神に昇格させる

吉田敦彦の口頭発表によると、ディオニュソスは人間を神の地位に昇格させる力を持っている。母のセメレ、育て親の伯母のイノ、妻のアリアドネはいずれも女神の仲間入りを果たした。自らも、神と人間との間の子であるが、神々の仲間入りを果たしている。「境界を越えさせる」力が彼にはあるのだ。

3-10

デメテル【ギリシア／女神】

大地の豊穣を司る大女神

ギリシアの非常に古い女神とされる。コレ、あるいはペルセポネと呼ばれる娘神との結びつきが強い。このことは大地の女神と、その大地に養育される植物との関係を神話として表わしているものと思われる。

†娘神ペルセポネの探索

ある時、デメテルの娘神ペルセポネが冥王ハデス（7-5）に連れ去られた。娘神の叫び声を聞いたデメテルは世界を遍歴して娘を探し回った。娘の誘拐がハデスとゼウス（1-9）の計略であったことを知ると、デメテルは怒りのあまり人間に身をやつして地上を彷徨《さまよ》った。エレウシスという地のケレオス王の館で歓待を受けたが、女神は何も口にしようとしなかった。イアンベという老女が冗談を言って女神の機嫌を取った。これにより女神は粥《かゆ》を口にした。

女神はケレオスと王妃メタネイラの末子デモポンの養母となった。女神はデモポンを夜毎火の中に寝かせて不死の体にしようとした。これをメタネイラが覗き見たので、女神は怒ってデモポンを床に投げ出し、自分の神殿を作るように命じて、女神の姿を顕《あら》わして出て行った。ケレオスがデメテルの神殿を作ると、女神はそこに鎮座して、娘を想い大地に食物を稔《みの》らせることを止めた。

ゼウスは様々な神々を遣わして女神の機嫌を取ろうとした。ついにゼウスはヘルメス（6-7）を冥界に遣わし、ハデスを説得させた。ハデスはペルセポネを地上に返すことに同意するが、冥府を出る前に、ペルセポネに柘榴《ざくろ》の実を食べさせた。これによりペルセポネは冥界とのつながりを完全に断ち切ることができず、一年の三分の二を母のもとで、三分の一をハデスのもとで暮らすことになった。デメテルは怒りを解いて大地に稔りを授けた。

また、同じ題材を取り上げた神話であるが、パウサニアスの『ギリシア周遊紀行』（紀元後二世紀）には、彼がアルカディア地方で伝聞したという、風変わりなデメテル神話が記されている。

ある時デメテルは、娘のペルセポネが冥府の王ハデスに誘拐されたことを知らずに、娘の行方を捜して地上を彷徨っていた。アルカディア地方のオンキオンという土地のあたりに来た時、デメテルは、海神ポセイドンが彼女に情欲を抱いて後をつけていることに気付いた。女神は一頭の牝馬に変身して馬の群の中に身を隠したが、ポセイドンはその変身を目ざとく見破り、自身も牡馬に変身して女神を犯した。女神は最初は、このポセイドンの暴挙に激怒したが、やがて怒りを和らげ、近くを流れるラドン河で沐浴して身を清めた。この交合によってデメテルは、秘儀に与《あずか》る者にしかその名を明かすことのできない一柱の娘神と、アレイオンという名の一頭の駿馬とを生んだという。

†アマテラス女神との類似

デメテルに関する一連の神話は、日本のアマテラス（1-2）に関する話と似ていることが吉田敦彦によって指摘されている。一方は大地の女神、他方は太陽女神であるが、どちらも男神の暴挙に怒って身を隠し、それによって世界に異変が起きる。神々が女神をなだめて機嫌をとることに成功し、世界に秩序が戻る、という骨格がまず同じである。また「馬」というキーワードも共有している。デメテルは馬の姿でポセイドンに犯された。アマテラスの場合は、スサノオ（6-5）が皮を剝《は》いだ馬を機屋に投げ入れ、これに驚いた機織女が命を落とした。

他にもこの二つの神話の周辺には偶然とは思われないような類似が確認されており、結論としては、ギリシアの神話がユーラシア内陸の遊牧民を介して日本に伝わったものとされている。

3–11

テリピヌ【アナトリア／男神】

農耕と天候を司る「隠れる神」

現在のトルコのアジア部分をアナトリアという。ヒッタイトの神話。何事かに怒って姿を隠すが、神々になだめられて出てくる豊穣の神。

†姿を隠し、世界が混乱に

ある時、何事かに怒ったテリピヌは姿を隠す。天候に異変が生じ、そのため作物は実らず、子は生まれず、山野は荒れ、世界が混乱に陥る。神々は宴会を催すが楽しめない。テリピヌは母神ハンナハンナの蜜蜂によって発見され、その怒りを鎮める。怒りを解いたテリピヌは神殿に戻り、世界の秩序が回復する。

†世界の神話と「隠れる神」

隠れる神というのはいくつかある。日本ではアマテラス（1–2）がスサノオ（6–5）の暴挙に怒って岩屋に隠れた。これにより世界は闇に包まれた。神々の祭りによってアマテラスは外に引き出され、光が戻った。

ギリシアではデメテル（3-10）がいる。娘のペルセポネが冥府の王ハデス（7-5）に誘拐されたので洞窟に籠る。このため地上には作物が実らなくなる。しかし神々の説得を受け、またペルセポネを一年の三分の二だけ返してもらえることになり、怒りを解く。

インドではインドラ神（2-4）が隠れる神だ。悪竜ヴリトラ退治を成功させたインドラだが、同時にバラモン殺しの罪を背負った。これを恐れてインドラは隠れてしまった。神々が探し出して祭式を行い罪を浄化した。またインドの火の神アグニも隠れる。ある理由のためアグニが世界から身を隠したため、地上では火を用いた祭式が行われず混乱した。神々がなだめてアグニを復帰させた。

このように神々はしばしば「隠れる」。そのことによって世界が混乱するので、他の神々が怒りを取り除くため奔走する、という共通点がある。

3-12 ドゥムジ【メソポタミア／男神】

生と死を繰り返す

名称はシュメール語で「正しい子」の意味。ヘブライ語では「タンムズ」と呼ばれる。植物と牧畜の神であり、冥界の神でもある。

†なぜ冥界の神になったのか

羊飼いのドゥムジと農夫のエンキドゥが天界の女王イナンナ（2-3）に求婚するという神話がある。イナンナの兄である太陽神ウトゥは羊飼いに味方したが、イナンナは安定した農夫を選ぶ。農夫は羊飼いに一定の期間放牧を許可することで、両者は和解する。

この話は明らかに『旧約聖書』のカインとアベルの話につながる。カインは農夫でアベルは羊飼いであったが、神がカインの捧げものを顧みられなかったので、カインは怒ってアベルを殺してしまう。この場合、結末部分が一方の死となっており、農夫と牧夫が和解したメソポタミアの神話とは異なる、厳しい世界観が示されている。

ドゥムジに関しては、イナンナの冥界降りの話にもその姿を現わす。冥界に降っていったイナンナは、姉妹のエレシュキガル（7-3）に死体とされてしまうが、エア神（3-4）

によって甦《よみがえ》らされる。しかしイナンナが地上に戻るためには、一人の代理人を冥界に送らなければならない。イナンナは、自分のために喪に服していなかったという理由でドゥムジを冥界に送った。ドゥムジの優しい姉のゲシュティンアンナが、一年の半分の期間をドゥムジの代わりに冥界で過ごすことになった。こうしてドゥムジは冥界と地上を年ごとに行き来するようになった。

†生死の往還は植物の運命

半年ごとに地上と冥界を行き来するドゥムジは、季節が来るたびに芽を出して生長するがやがて枯れてしまう植物の運命を表わしている。ギリシアのアドニスにも同様の話がある。アドニスは女神アプロディテの寵愛を受けていたが、女神の愛人である戦神アレス(2-2)の嫉妬を買い、アレスがけしかけた猪《いのしし》に襲われて命を落とした。そして冥界に降り、冥界の女王ペルセポネと共に一年の三分の一を過ごすが、時が来るとまた地上に戻り、アプロディテと楽しい時を過ごすのだという。植物の神の運命として、生と死を年ごとに行き来しているのだ。

3-13

バアル【ウガリット／男神】

死んで蘇る神

シリア北部からカナンにかけて崇拝されていた神。棍棒と稲妻を象徴する槍《やり》を持つ姿で表わされる。バアルはエルの息子で、姉妹のアナトは配偶神でもある。

†死と復活

バアルは「原初の蛇」「七つ頭のとぐろを巻くもの」を壊滅させたが、宿敵の神モトが挑発的に言うには、「お前はしおれ、活気を失い、みじめになり、食い尽くされる。そして私がお前を燃やし尽くす」。バアルは死んだ。父神エルはバアルの死に泣き崩れ、女神アナトはバアルを求めて各地をさまよう。彼女は太陽女神シャパシュの助けを得てバアルの死体にたどり着く。彼女はモトにバアルを生き返らせるようとりなしを頼むが無為に終わったので、やり方を変えた。アナトはモトを捕まえると、刀で彼を二つに裂き、シャベルで彼を吹き飛ばし、火で彼を焼き、石臼で彼を挽《ひ》き、野原で彼を撒《ま》き散《ち》らす。すると鳥が彼の遺骸を食べ、彼の肉片を野生の動物が呑みこみ、遺骸はバラバラに切り刻まれる。

アナトのモトへの復讐が終わると、バアルが復活する。豊穣神の復活により、雨が降り、河は豊かに流れるようになった。

†植物のモチーフ

バアルは死んで蘇る神である。この点で、豊穣神としての側面を表わしている。豊穣神は死ぬ神であることが多い。それは彼らがその生育を司る植物そのものでもあるからだ。植物は年ごとに死と再生を繰り返す。とくに穀物は死の側面が強く、収穫によって「殺され」、そしてまた種を蒔《ま》かれて芽を出す。これを繰り返す。

死と深く関わる豊穣神としてはハイヌウェレ型神話（3-14）が想起される。オリエントからギリシアにかけて広がる「死ぬ植物神」と、熱帯にとくに濃厚に分布する「ハイヌウェレ型」とは異なるモチーフではあるが、「死ぬ神」という同じ性質を持っている。

3-14

ハイヌウェレ【インドネシア／女神】

殺害されてその死体から芋が生じた

芋《いも》の母胎となった少女神。「死ぬ女神」として、他の多くの神話の神々とは異質な特徴を持つ一方で、類話も世界に広く見られる。

†切り刻んで埋めたら芋ができた

インドネシアのセラム島に、殺害されてその死体から芋を生じさせた少女神の話がある。衝撃的な内容であるが、紹介したい。ハイヌウェレはココヤシの実から誕生した。アメタという男が養父として彼女を育てた。ハイヌウェレは驚くべき速さで成長し、三日後には結婚可能な女性「ムルア」となっていた。彼女は普通の人間ではなく、その排泄物は高価な皿や銅鑼《どら》などであった。

ある時村で、マロ舞踏と呼ばれる九日間にわたる盛大な祭りが行われた。ハイヌウェレは祭りの参加者に高価な皿や装身具や銅鑼などを毎日配った。次第に事態は村人たちにとって不気味なものとなり、人々は祭りの九日目に集団で彼女を殺して舞踏の広場に埋めた。アメタが占いによってハイヌウェレの死体を探し出し、身体を細かく切り刻んであちこちに埋めた。ハイヌウェレの身体の諸部分から、その時にはまだ地上になかったさまざまな物、とりわけ芋が生じた。以来人々は芋を主食として食べて生きていくようになった。

†人間が「食べる」ことを表わす神話

神的少女が殺害されてその死体から有用植物が発生する話を「ハイヌウェレ型神話」と呼ぶ。ハイヌウェレ型神話は、もとは熱帯で栽培されていたさまざまな種類の芋と、バナナやヤシなどの果樹を主作物とする、原始的な作物栽培をしていた人たちの文化を母胎にしてできた話である。このような作物栽培を「古栽培」と呼び、それに従事する人々を「古栽培民」と呼ぶ。

ハイヌウェレ神話の残酷性は、芋の栽培方法に由来すると考えられる。芋は、切り刻んでその小片を地面に埋めることで新たな芋を得る。そしてそれらの芋はすべてハイヌウェレの身体そのものなのだ。人々は芋を「生きた」ものと考えていた。それを栽培し収穫することは、芋に対する殺害行為に他ならなかったのだ。だから、ハイヌウェレ神話のような残酷な物語が語られた。それは、人間がものを食べて生きていくということが、そもそも残酷なことであり、それゆえ人間存在はあまねく残酷なものだという認識があったのだ。きわめて高度な人間理解がそこに展開されていると見ることができる。

†類話に共通することは……

類話は世界に広くみられ、日本の食物の女神オオゲツヒメやウケモチも同型の神話を持つ。『古事記』の神話で、スサノオ（6-5）はオオゲツヒメのもとを訪れて食事を請うた。オオゲツヒメは自分の鼻や口や尻から美味しい食べ物を出して食べさせようとしたが、その調理の様子を見たスサノオは汚れた食物を食べさせられると思って、彼女を殺してしまった。すると殺されたオオゲツヒメの死体から、蚕や五穀の種などが生じていた。

類話は離れた地域にも見つかる。ミシシッピ川の下流域に住むナチェズ族の話では、女と二人の娘が一緒に暮らしていたが、ある時娘たちは女がどうやって食物を得るのか不思議に思い、禁じられていた小屋を覗き見た。女は、籠の上にまたがって、股からトウモロコシや豆などを出していた。娘たちが料理を食べないので見られたことを悟った女は、娘たちに自分を殺させた。女の死体を焼いたところから、トウモロコシと豆とカボチャが生えた。いずれにせよ、神的女性が死んで、その死体から有用植物が生える話となっている。この「ハイヌウェレ型」で殺される役を担う神的存在は圧倒的に女神や女性であることが多い。古く、男性ではなく女性が農業の主な従事者であったことが関係しているのかもしれない。

3-15

ヒルコ（エビス）【日本／男神】

身体不自由の子から、漁業と商売の神へ

原初の夫婦イザナキとイザナミ（7-2）の最初の子供で、『日本書紀』によると三歳になっても脚が立たなかったため舟に乗せられて流された。室町時代以降、えびす信仰と結び付けられ、七福神の一人にも加わり、漁業と商業の神となった。

†イザナキ・イザナミ夫婦の最初の子

イザナキとイザナミは互いを褒め合う言葉を発して結婚したが、このとき女神であるイザナミが先に言葉を発したのは良くないことであった。そのため、最初に生まれてきたのはヒルコという出来損ないの子で、舟に乗せて流した。そのあと二人は結婚のやり直しをして、国土と神々を産んでいくことになる。

†アマテラスより前の太陽神

ヒルコの正体についてはさまざまに議論されてきた。蛭《ひる》のような足腰の立たない子、という説と、ヒルコとは日ル子であり、太陽神であったという説に大別できる。近年では後

者の説が有力であるように見える。日本神話の太陽神は女神アマテラス（1-2）であるが、別名をヒルメという。ヒルコの名はこのヒルメと対を成す。ヒルコはそのアマテラス以前の男の太陽神で、アマテラス信仰の台頭に押される形で姿を消していったとするのだ。

ヒルコが舟に乗せられたとされるところも太陽との関連が窺われる。太陽船信仰といって、太陽が船に乗って天空と地下界を渡るという信仰形態が、南海地域やエジプト、先史時代のヨーロッパに見られ、ヒルコもおそらく、もともとは舟に乗って天空と海を旅する太陽神であったと考えられる。

3-16 フレイ【北欧／男神】

麗しの豊穣神

豊穣と海の神ニョルズの息子であり、父から豊穣の神としての機能を受け継いでいる。双子の姉妹に美と愛の女神フレイヤ（4-18）がいる。兄妹間の近親相姦《そうかん》を思わせる話も伝えられている。

†「秩序からの超越」を表わすもの

フレイとフレイヤのような近親相姦は神話においてしばしば見られるが、とくに原初の時に、秩序を作り上げる意味で行われることが多い。秩序を作り上げるための膨大なエネルギーを発生させるものは、秩序の内にはない、秩序から外れたもの、それがすなわち近親相姦である、という論理である。

フレイの特徴は神像においてよく表わされており、巨大な男根を与えられている。フレイに特有の宝は金の剛毛を持つ牡豚グッリンブルスティであり、この豚は空や海を、夜も昼も、どの馬よりも早く走るとされる。豚は犬や牛などよりもはるかに多産であり、豊穣の神の動物としてふさわしい。

†巨人の娘への恋煩い

フレイが巨人の娘ゲルズに恋煩《わずら》いして結婚にこぎつける話がある。フレイがオーディン（1-6）の高御座《たかみくら》に座って世界を見渡している時のことであった。彼が北の方を覗くと、大きく美しい建物があり、その建物に向かって女が歩いていた。その女が腕を上げて扉を開けると、世界中が彼女のために光り輝いた。その時からフレイは恋煩いに陥り、一言も話さず、眠ることも飲むこともしなかった。父神ニョルズがフレイの従者のスキールニルに命じて、不調の原因を尋ねさせた。フレイは巨人の娘の話をし、スキールニルに、自分のためにゲルズに求婚して連れてくるように命じた。スキールニルは、炎の中を駆ける馬と、ひとりでに切りかかる宝剣を自分に与えることを条件に、その命令を承諾した。

スキールニルとは「輝ける者」の意で、フレイの一側面を擬人化したものであるという。フレイとゲルズとの結婚に至る神話は、豊穣の男神が穀物畑の女神を深い大地の底から獲得する行為、すなわち「聖婚」を反映していると考えられている。話の続きを見てみよう。

スキールニルはまず、不死のりんご、次にはオーディンの宝である腕輪ドラウプニルによってゲルズの愛を購《あがな》おうとするが、ゲルズはにべもなくはねつける。贈りものによってゲルズの愛を得られないことが分かると、スキールニルは剣で脅しにかかる。それも効果がないと知ると、次には魔法の杖によってゲルズを意のままにしてみじめな目にあわせると言う。ゲルズは降参して九夜後にフレイと会う約束をした。

フレイがこの時スキールニルに与えた、ひとりでに切りかかる宝剣は、最終戦争ラグナロクにおける巨人との戦いで活躍するはずであった。これを持っていなかったために、フレイは死ぬことになる。ラグナロクにおいてフレイは炎の巨人スルトと戦うが、この名剣を持っていなかったことが彼の死の原因となったのだ。スルトは最終戦争ラグナロクの最後に火を放って全世界を滅亡させてしまった。

豊穣神フレイは戦闘向きではなかったようだ。ここで北欧の主要な神の武器を挙げてみると、最高神オーディンは槍、戦神トール（2-9）は槌《つち》、フレイは剣となっている。フレイの剣に関しては、インドの叙事詩『マハーバーラタ』で双子の豊穣神アシュヴィン（5-1）の血を引く、やはり双子のナクラとサハデーヴァが剣を得意としており、両地域の神話からは双子と剣のつながりが見て取れる。

3-17
フローラ【ローマ／女神】
輝かしい花の女神の裏には……

ローマ神話の花と春の女神である。もとはクロリスというギリシアの女神であったとされる。西風の神ゼピュロスが彼女を見初め、強引に妻にした。その代償に、彼女に花を支配する力を与えたのだという。

†花の神様のすごい力

ギリシア神話のゼウス（1-9）と妃のヘラ（4-19）は、ローマ神話ではユピテルとユノと呼ばれる。ユノはユピテルが自分一人で娘神のミネルヴァ（アテナ、2-1）を生んだことに腹を立て、自身も一人で子を産みたいと願っていた。そこでフローラが、触れただけで妊娠するという花をユノに与えた。こうしてユノは一人で、軍神となるマルス（アレス、2-2）を産んだのだという。

フローラの神話は、ローマにおいて多くはない。しかし信仰はあり、紀元前三世紀頃にローマのアウェンティヌスの丘のふもとにフローラの神殿が建てられ、春には祭りも開催されたのだという。

「プリマヴェーラ」（ボッティチェリ作、15世紀）

†名画「プリマヴェーラ」に描かれた死と豊穣

しかしながらフローラが最も花開いたのは、ルネサンス期であったと思われる。ボッティチェリによる名画「プリマヴェーラ」（「春」の意）にその姿が描かれているからだ。

この絵において、右端に西風の神ゼピュロス、そのゼピュロスが捕らえようとしているのがクロリス、そのクロリスの左隣りにいるのがフローラである。中央には愛と美の女神ヴィーナス（アプロディテ）が描かれている。

この絵が意味していることについて、神話学的な観点から考えてみたい。ゼピュロスに捕らえられたクロリスの口元からは草花が生えだしている。そしてそのクロリスが変身したフローラは、全身に草花をまとっている。

このクロリスとフローラを解釈するのに有効と思われる興味深い神話がメキシコにある。太陽の神と月の神が結婚してトウモロコシの神が生まれた。トウモロコシの神は地面の中に入っていった。すると彼の身体からは木綿が生え、目からは作物が、爪からはトウモロコシが、身体の他の部分からも、人々が栽培して食べて生きていく食物が生じた。

これは「ハイヌウェレ型」(3–14)と呼ばれるモチーフに属する。ハイヌウェレ型神話では、神的存在が生きている間は排泄物のような形で食物などを出し、死んでその死体から食用植物を発生させる。先のメキシコのトウモロコシの神の話では、彼が生きながらにして作物を生み出したのか、それとも死んでその死体から作物を生み出したのか、はっきりしない。しかしほとんどのハイヌウェレ型の神話では、死体からの作物の発生を物語る。作物の発生と死は表裏一体である、というのが神話的思考なのである。

クロリスとフローラに話を戻そう。クロリスは生きながらにして植物を発生させた。そして全身に草花を身にまとうフローラへと姿を変えた。ここにハイヌウェレ型神話の要素を見出すとするならば、クロリスの背景には「死」がある。彼女は植物を発生させた代償にクロリスとして死んで、そしてフローラとして生まれ変わって草花の輝かしい女神となったのではないだろうか。そのように考えると、この「プリマヴェーラ」の絵には、死と豊穣の匂いが湧きたつのである。

3-18

マヤウエル【メソアメリカ／女神】

アステカの植物の女神

マゲイ（リュウゼツラン）という、メキシコでトウモロコシと並ぶ重要な作物の神格化されたもの。マゲイはその葉を糸、針、燃料に使い、根の部分からは儀礼に用いる聖なる飲料プルケー酒が造られた。

†粉々の骨から植物に

ある時創造神にして風神のケツァルコアトル（6-4）は地上に降ることになり、厳しい始祖神であるツィツィミトルに監視されていたマヤウエルを誘い出し、追手から逃げて、やがて二人は互いに絡み合う二本の木になった。激怒したツィツィミトルはマヤウエルの木を粉々にしてしまった。もとの姿に戻ったケツァルコアトルがマヤウエルの骨を土に埋めると、そこからマゲイが生えてきて、人々はプルケー酒を飲むことができるようになった。

†命を捧げる「ハイヌウェレ型」

マヤウエルはマゲイそのものの女神である。彼女の死体からこの食用植物が発生したのであった。したがってこれは「ハイヌウェレ型」（3-14）に分類することができるだろう。メソアメリカの神話の多くは、神が犠牲になったり死んだりして、それによって天地や植物など、世界の構成要素と人間が生きていくためのさまざまなものが発生したと語る。そこで、人間にも犠牲が求められることになった。神々が犠牲になって世界を造ってくれたのだから、人間も、一番大切なもの、すなわち命を、捧げなければならないと考えられたのだ。

ケツァルコアトルとマヤウエルがどのような関係にあったのか、この神話からは知ることができない。しかし、木になった恋人や夫婦の話は世界中にある。ケルト圏の「トリスタンとイゾルデ」の話では、二人の墓は蔦《つた》に絡まれて離れることがなかったという。オウィディウスの『変身物語』ではバウキスとピレモンの話がある。姿を変えたゼウス（1-9）を歓待したため、ゼウスから願いを叶えてもらえることになり、夫婦で相談した結果、「同時に死ねますように」と願った。やがて長い時の後、二人は同時に大木に姿を変えた。

コラム①アダパ【メソポタミア】

アダパは知恵の神エア（3-4）によって創造された。ある時、南風が彼の船を沈めたことに怒り、南風の翼を折ってしまった。これを知った天空の神アヌはアダパを天界に呼び出した。エアはアダパに忠告した。アヌは「死のパン」と「死の水」を出すだろうからそれを飲食してはならない、そして天界の門番であるドゥムジ（3-12）とギシュジタのために喪服を着て行きなさいと。アダパは言われた通りにして天界に行った。門番のドゥムジとギシュジタは喪服姿のアダパに好意を抱き、アヌにとりなしをした。アヌも気をよくして、当初の思惑とは逆に、「命のパン」と「命の水」をアダパに出した。しかしアダパはエアの忠告に従ってこれを飲食しなかった。そのため人間は不死となることができなかった。

人間の死の起源譚となっている。死の起源譚としては他に、インドネシアなどに分布する「バナナ型」神話がある。人間は石とバナナのどちらかの選択肢がある中、美味しく食べられるバナナを選んだので、バナナの木のように儚《はかな》く死ななければならない、ただしバナナと同様に子を持つことができる。石を選べば、不老不死を獲得していた。脱皮型の死の起源譚というものも世界中に認められる。人間はもともと脱皮して若返ることができたが、ある事件をきっかけに、それができなくなった。だから老いて死なねばならない。あるいは、人間に与えられるはずだった脱皮の力を蛇が盗んだので、人間は脱皮ができない、だから死なねばならない、ともされる。

第4章

女神——世界を慈しみ躍動する

他の分類にも女神が入っているが、分類に収まりきらないものをここにまとめた。母なる「生む女神」がある一方、命を呑みこむ、死をもたらす「恐るべき女神」もある。しかしこの両者は実は一つの「生と死」の女神の異なる現われでしかない。神話において生と死は分かつことができない、表裏一体のものであるのだ。

マヒシャの首を切り落とすドゥルガー
(The Devīmāhā tmya Paintingsより、部分)

4−1

アメノウズメ【日本／女神】

「笑い」をもたらす

アメノウズメは、日本神話の最高女神アマテラス（1−2）が、弟のスサノオ（6−5）の乱暴のせいで岩屋に籠《こも》った時、アマテラスを外に引き出すために重要な役割を果たした。衣をはだけて踊って、神々の間に「笑い」をもたらしたのだ。ほかに、サルタビコという国津神《くにつかみ》の正体を問いただしたり、海の魚たちを天孫の食べ物として従えさせるなど、さまざまな働きをした。

†アマテラスの岩屋籠りとアメノウズメの働き

アマテラスが岩屋に籠ると、太陽が隠れて世界中が暗くなり、邪《よこしま》な神々が跳梁《ちょうりょう》するようになり神々を困らせた。そこで神々は相談して、祭りを行うことにした。この祭りの中で、アメノウズメは裏返しにした桶の上に立って、衣をはだけて踊った。すると神々は大笑いした。その声を聞いたアマテラスは、太陽神である自分が岩屋に籠って皆は困っているはずなのに、どうしてこのように笑っているのかと不審に思い、岩屋の戸を少し開けて外を見た。そこに神々が鏡を差し出し、「あなた様より貴い神様がおられます」と言ってアマテラス自身が映るようにした。アマテラスはその鏡を見るために少しだけ岩屋から身を現わした。そこに控えていた力持ちの神、アメノタヂカラオがアマテラスの手を取って外に引き出した。こうして神々はアマテラスを岩屋から引き出すことに成功した。

ここでのアメノウズメの踊りは、アマテラスに岩屋を開けさせる働きをしたわけだが、その前にも、神々の口を開いて笑わせた、ということなので、吉田敦彦が述べるように、この女神には「何かを開く」という機能があるものと思われる。

†ほかに何を「開いた」のか

そのことは別の場面にも表われている。アマテラスの孫であるホノニニギが天から地上に降っていく時、輝く神が道をふさいでいた。誰が聞いても正体を明かそうとしない。そこでアメノウズメが遣わされて、その神に名を名乗らせた。神は「猿田彦《サルタビコ》という名で、天孫の先導をしにやって来たのだ」と言った。ここでもアメノウズメは、猿田彦の閉ざされた口を開けさせ、名乗らせた。つまり、口という開口部を開かせる役割をしている。

もう一つ例がある。天孫ホノニニギはアメノウズメに、先導の役をしたサルタビコをお送りしなさいと命じ、またサルタビコの名を負って、天つ神の御子にお仕えしなさいと命じた。それでアメノウズメを祖神とする猿女君《さるめのきみ》たちは、サルタビコ（猿田彦）の名を負っているのである。そのサルタビコは、阿耶訶《あざか》にいるときに、魚を取っていて、ひらぶ貝に手をはさまれて、海水に沈んで溺れて死んでしまった。

アメノウズメは、サルタビコを送って帰ってくると、ただちに大小のあらゆる魚を集めて、「おまえたちは、天つ神の御子の御膳（食べ物）としてお仕えするか」と問いただすと、多くの魚たちは「お仕えします」と答えたのに、ナマコだけは返事をしなかった。アメノウズメはナマコに向かって、「この口は答えない口か」と言って、小刀でその口を裂いた。だから今でもナマコの口は裂けている。アメノウズメは、ナマコの口を裂いて開ける、という「何かを開く」働きを、ここでもしているのだ。

†ギリシア神話での類似点

衣をはだけて笑いを誘発するという話は、ギリシアに似たものがある。大地の女神デメテル（3-10）が誘拐された娘のペルセポネを探して旅をしている途中、バウボという女性の家に招かれたが、デメテルはバウボのふるまった食べ物も飲み物も口にしなかった。するとバウボは衣をめくって陰部を見せた。女神は苦笑して、食事を口に運んだのだという。アマテラスの一連の話と、ギリシアのデメテルに関する一連の話には、他にも似たところが多く見つかっており、何らかの系統的な関連が示唆されるところである。

4-2 イシス【エジプト／女神】

大いなる母神、恐るべき魔術師

イシスを描いた紀元前の壁画

天空の女神ヌトと大地の男神ゲブの子。兄妹にオシリス（7-4）、セト（6-6）、ネフティスがいる。兄でもあるオシリスを夫とする。偉大な魔術師であり、殺されたオシリスを蘇生させた話や、太陽神ラー（1-18）の真の名を手に入れた話などが伝えられている。

†夫オシリスの棺を探す旅

夫オシリスとともに平和で豊かな時代を築いたイシスであったが、オシリスがセトに殺されると、夫の死体を探すためにひとりで旅に出た。北方のレバノンのビブロスで夫の棺《ひつぎ》がヒースの木の中に取り込まれたまま宮殿の建材となっていることを知ると、イシスはビブロスの王妃のもとに王子の乳母として入り込んだ。

イシスは昼間には王子に乳を含ませて養ったが、夜になると王子を不死の身体とするために火にかざしておくのだった。しかし王妃がこれを見て叫び声をあげたために、王子は不死となることができなかった。

イシスはオシリスの棺を取り戻すと、エジプトに帰った。しかしセトが棺を探し出して開き、オシリスの身体を十四の断片に切りわけてばらばらに埋めてしまった。イシスはそれでも夫の死体の断片を探し出し、一か所をのぞくすべての断片を見つけて蘇生させた。以来、オシリスは冥界の王として君臨することになった。

イシスは幼いホルスを連れて、神々の集いに参加し、セトに奪われた王位をオシリスの息子たるホルスに返すべきだと主張した。ホルスとセトは河馬《かば》に変身してどちらが長く水の中に潜っていられるかの競争をしたが、イシスがセトに同情してとどめを刺さなかったことに怒ったホルスは母の首を容赦なく落とした。しかしイシスはその直前に自身を石に変えていたので無事であった。すぐに天文の神のトトがイシスを元通りにしてやった。

神々はホルスとセトのどちらを後継者とするかさまざまに意見を述べたが、結局、王位はホルスのものとなった。

†ギリシア神話との関係

ここに紹介したイシスの話は、ギリシアの神話と驚くほど似ている。ギリシアの大地の女神デメテル（3-10）は、誘拐された娘のペルセポネを探して地上をさまよっていた。ある時エレウシスというところに立ち寄ると、そこの王家の乳母となって、王子を養った。デメテルは夜になると王子を不死の身とするため、火の中に埋めておくのだった。しかし王妃がこれを見て声を上げたため、デメテルは怒って王子を火から取り出し、床に投げつけた。王子はこれによって不死となることができなかった。

イシスとオシリスに関するエジプトの神話は、ギリシア人のプルタルコスが記した話である。プルタルコスがデメテルに関する一連の神話をイシスに関する神話として語りなおしたとも考えられるが、実際には逆であった可能性が高い。つまりエジプトのイシスに関する話がギリシアのデメテルに関する話の起源となったと考えるものだ。文明の古さ、古代における文明の伝播の方向性を考えても、その方が説得的であろう。

†女神と魔術

イシスはホルスの母であるが、そのホルスはセトとの争いに勝利して地上の王となった。つまりイシスは王母である。エジプトの代々の王はイシスの子らであるとみなされることになった。

また、ラーの項目（1-18）で紹介したように、イシスは呪力を用いて太陽神ラーの真の名を知る者となり、そのことによってさらに呪力を強めた。オシリスを蘇らせたのもイシスであったので、彼女には強力な魔術師としての側面が見て取れる。

女神と魔術ということでは、イシスは北欧神話のフレイヤ（4-18）に通じるところがある。フレイヤは美と愛と豊穣の女神であるが、セイズという不思議な魔術を用いるとされる。フレイヤとイシスの類似はこれにとどまらない。フレイヤは愛する夫のオーズを探し求めて各地をさまよったとされている。これはイシスが死んだ夫オシリスを探し求めてさまよったことに通じる。大いなる魔術の女神、夫を探して旅をする女神、という点で両者はとてもよく似ている。

4-3

イワナガヒメ【日本／女神】

長寿の象徴

山の神オオヤマツミの娘。妹にコノハナサクヤビメがいる。岩のように堅固な命を象徴し、妹の花のような儚い命と対比されている。アマテラス（1-2）の孫のホノニニギがこの姉妹と結婚したが、あまりに醜いと言ってイワナガヒメを親元に返したことで、呪いによって天皇と人間の寿命が短くなった。

†人間の死の起源

『古事記』にはイワナガヒメの話は次のように記されている。天上の最高女神アマテラスの孫ホノニニギは、笠沙《かささ》の岬でコノハナサクヤビメを一目見て恋に落ちた。ホノニニギがコノハナサクヤビメの父である山の神オオヤマツミのもとへ行って結婚を申し入れると、オオヤマツミは大変喜び、姉のイワナガヒメも副《そ》えて、多くの品物と一緒に娘を差し出した。しかしその姉は容姿がひどく醜かったためにホノニニギは恐れをなして、親のもとへ送り返してしまい、妹のコノハナサクヤビメだけを傍に留めて一夜を共にした。

オオヤマツミは、ホノニニギがイワナガヒメを送り返したことを深く恥じて彼を呪った。

「私が二人の娘を並べて差し上げたのは、イワナガヒメを娶《めと》ることで天つ神の御子の命が岩のように普遍であるように、コノハナサクヤビメを娶ることで木の花が咲き栄えるように繁栄するようにと、祈願して差し上げたのに、イワナガヒメを返してコノハナサクヤビメだけを留めたから、この先天つ神の御子の命は、木の花のように儚《はかな》いものになるだろう」。このようなわけで、代々の天皇の寿命が限りあるものになったのである。

これとほぼ同じ話が『日本書紀』にも記されている。ただし『日本書紀』では、オオヤマツミではなくイワナガヒメ自身が、親もとに送り返されたことをひどく恥じて、ホノニニギとその子孫（天皇）に呪いをかけ、天皇だけでなく人間の寿命も短くしたことになっている（巻第二第九段一書第二）。つまり人間の死の起源神話となっているのだ。

†地上の生命の秩序を保つために？

このイワナガヒメとコノハナサクヤビメの話は、インドネシアなどに伝わる「バナナ型死の起源神話」に属する話である。スラウェシ島では次のような話になっている。

昔、天と地の間は今よりもずっと近くて、人間は創造神が天から縄に結んで下ろしてくれる贈り物によって暮らしていた。ある日、創造神が石を下ろしたところ、人間の始祖の夫婦は受け取らなかった。神が石を引き上げて、バナナを下ろしてやると、夫婦は喜んで食べた。そのことによって、人間は石のような永久の命を失い、代わりに子供を持つとすぐに親の木が枯れてしまうバナナのような儚い命を生きることになった。

この場合、人間には、不死であるか、それとも子供を持つ代わりに死なねばならぬのか、どちらかの運命が用意されていた。不死であるならば子を持つことがない。その両方が併存していたら、地上に生命が増えすぎて秩序が成り立たないからだ。不死であるか、子孫と死を引き受けるか。どちらかを迫られ、そして人間は後者の運命を引き受けたのだ。

†原初の女神イザナミと、妹のコノハナサクヤビメと

イワナガヒメは呪いによって天皇の一族と人間の寿命を短くした。これは一種の死の起源譚ともいえる。すると、日本神話では二重に死の起源が語られていることになる。一つは、原初の女神イザナミ(7-2)がイザナキに向かって「わたしはあなたの国の人々を一日に千人殺しましょう」と言ったことで、人間に死の運命が定まったという話で、二つ目がイワナガヒメの話だ。また、イザナミは生きていた時は国土と神々を次々に生んだ、美しい「生」の女神であった。つまり「生」と「死」の両方の要素を持っている。一方、イワナガヒメは「死」の女神であるが、妹のコノハナサクヤビメが美しい「生」の女神であり、この姉妹が一対となってイザナミの生と死を体現していると見ることができる。

4-4 ウマイ【シベリア／女神】

母なる女神、天神の妻、軍神

ウマイとは「母胎」「後産《あとざん》」を意味し、出産を助け、子供を守護する女神である。人間や動植物の豊穣を司り、鳥の姿としても観念されている。

†「母胎」の女神の殿堂

ウマイは山の中に霊魂を保管しており、子供に恵まれない女性のためにシャマンが自らの霊魂を離脱させてそこに行き、ウマイに祈り彼女の殿堂の中に入れてもらう。そこには無数の通路の壁に子供の霊魂である揺りかごがかかっている。女の子の霊魂は赤いサンゴのビーズ、男の子の霊魂は矢であるという。シャマンはそれを取ると、急いで戻って来るのだという。そうすると、その女性は子供を授かることができる。

†原初の女神崇拝

荻原眞子によると、ウマイの起源はたいへん古く、数万年前に遡る後期旧石器時代の南ヨーロッパであるという。

そもそも人類は、原初、女神を崇拝していた。旧石器時代の遺物の数々がそれを証明している。生命を生みだし育み、そしてそれを最後に回収する、すなわち死を与える。そのような女神を人々は信仰していたのだ。

男神の信仰がどのくらい古いのかは分からない。女神の場合のようにその信仰を証明する遺物が古い段階では発見されていないからだ。もちろん発見されていないことは男神信仰がなかったことの証明にはならない。しかしおそらく、男神信仰は青銅器や鉄器の出現と同時期に発生・発展した。これは戦争と無関係ではないだろう。戦場で有利なのはどう考えても男性・男神だ。そして古い女神信仰は男神信仰に追いやられる形でさまざまに姿を変えることになった。

しかしウマイ女神の存在は、古くからの、産み・育て・回収する大女神の痕跡を多く残していると見ることができる。

4-5

カーリー【インド／女神】

醜く恐ろしい戦女神

その肉はしなび、どくろで飾られた恐ろしい姿をした女神。名前の意味は「黒い」または「時」である。ドゥルガー（4-15）の額から現われ、悪魔討伐においてドゥルガーを助けて戦った。シヴァ神（1-8）の妃とされるが、本来は独立した女神であった可能性が高い。カーリー信仰は現在のインドにもあり、コルカタのカーリガート寺院において山羊の犠牲が捧げられている。

†悪魔の血を呑みこむ

『デーヴィーマーハートミャ』というヒンドゥー教の文献によると、ドゥルガーがスンバとニスンバという悪魔の王と戦っている時に、この女神の額から現われ出たのがカーリー女神である。剣と羂索《けんさく》（獣などを捕らえる縄）を手にし、彩り鮮やかなどくろの杖を持ち、人間のどくろを花輪のように連ねて胸に飾り、虎の皮をまとい、肉はしなびて恐ろし気である。カーリーは敵の軍勢をなぎ倒し、ことごとく喰らっていった。チャンダとムンダという二人の悪魔を退治してドゥルガーにその骸《むくろ》を捧げると、喜んだドゥルガーはカーリーに「チャームンダー」という名を与えた。

ラクタビージャという悪魔がいて、その血が大地にしたたると、おびただしい悪魔たちが生まれるのであった。カーリーはドゥルガーの命令に従って、ラクタビージャの血のしずくを、その大きく開いた口に呑みこんだ。ラクタビージャはドゥルガーに攻撃され、その血は残らずカーリーに呑みこまれ、絶命した。

女神たちはスンバとニスンバも退治し、世界に平和をもたらした。勝利に酔ったカーリーが喜びのあまり暴れて大地を壊しそうになったので、シヴァ神が自らの身体でカーリーの足を受け止めて衝撃をやわらげた。このため、地面に横たわるシヴァ神を踏みつけているカーリー女神の姿が多く描かれるようになった。

†各地に見られる「呑みこむ女神」

カーリーは恐るべき呑みこむ女神の典型である。世界各地において、類似の女神は、女神という姿ではなく妖怪や魔女として現われる。たとえば日本ではヤマンバである。山に住む女の妖怪で、牛や馬、子供や大人も取って喰う。ただしそれだけではなく、ヤマンバは親切にされれば貴重な宝を授けてくれることもある。また、焼畑を司る山の女神としての一面もある。これと似たものがロシアのバーバ・ヤガーである。「ヤガーばあさん」という意味で、森の中の小屋に住んでいて、子供たちを食べてしまうが、子供たちに試練を課して成長させる役割を果たすこともある。ヨーロッパにはグリム童話などに出てくる魔女がおり、アメリカ先住民の神話にはゾノクワという鬼女がいる。人類の普遍的な心理の表われとして、このような呑みこむ怖い女神が世界中に見られるのであろう。

†戦女神ドゥルガーと表裏一体

カーリーはドゥルガー女神の額から生まれており、両者は表裏一体の関係にある。またどちらもシヴァ神の妃とされる。醜いカーリーと美しいドゥルガーは、同じ戦場で戦う女神であっても対照的だ。この関係は、日本神話のイワナガヒメ（4-3）とコノハナサクヤビメと比較できるところがある。二人とも山の神オオヤマツミの娘だが、イワナガヒメは醜く、コノハナサクヤビメは美しい。岩のような堅固な命と、花のように咲き栄える運命を、それぞれ表わしている。

カーリーの恐ろしい姿はドゥルガーの美しい姿の影である。イワナガヒメとコノハナサクヤビメがそうであったように、この二人もまた、どちらもシヴァ神の妃として習合され、その結合を密接なものにしている。

4-6

ガンガー【インド／女神】

ガンジス川の女神

あらゆる穢《けが》れを浄化する力を持つガンジス川の女神。ヒマーラヤ山の神ヒマヴァットの娘で、シヴァ神（1-8）の妃ウマーの姉。

†死者を浄める

『マハーバーラタ』の神話で、死者たちを浄化した話が知られている。昔、サガラ王の六万人の息子たちが、カピラ仙の怒りを買って焼き殺され、天界にも行けずにいた。子孫のバギーラタ王は先祖を浄《きよ》めるため、ガンガー女神を満足させようと、激しい苦行を行った。神々の千年が過ぎたとき、ガンガー女神が現われて何でも望みを叶えようと言った。バギーラタ王は先祖を浄めるために地上に降りてきてほしいと願った。ガンガーは、自分が落下する衝撃に耐えるには、シヴァ神を満足させる必要があると言った。そこでバギーラタ王はシヴァ神を苦行で満足させた。こうしてガンガー女神はシヴァ神に向かって落下し、サガラ王の六万人の息子たちはガンガーの水に浄められた。

†天から来た女房として

ガンガーについては他に、「天人女房譚」と分類できそうな話がある。ガンガーはある時シャンタヌという人間の王の妻となり、八人の息子を産んだ。それらの息子たちは、聖仙の怒りを買って地上に生まれさせられたヴァス神たちだった。ヴァス神群とは、おそらく豊穣を司る一群の神々で、常にグループを成している。ガンガー女神とは親しい関係にある。

ガンガーはヴァス神たちを一刻も早く天界に帰してやるため、生まれるとすぐに彼らを川に投じて殺していた。

事情を知らないシャンタヌ王は、かつて結婚の時に「私が良いことをしても悪いことをしても、決して止めてはならないし、不快なことを言ってはならない」と約束していたが、八人目の子が生まれた時、耐えられずに彼女をののしった。ガンガーは事情と正体を知らせてから、神々の世界へ帰った。八人目の子はガンガーが育てて、長じてシャンタヌ王に返された。これがビーシュマ、『マハーバーラタ』の大英雄である。

4-7 シュリー【インド／女神】

美・愛・豊穣・王権の女神

名称の意味は「吉祥」「幸運」。『ラーマーヤナ』およびプラーナ文献においてはヴィシュヌ神（1-4）妃としての地位を獲得するが、それ以前は独立した女神であった。ヒンドゥー教の神話において、乳の海から誕生したことが物語られる。また浮気な性質であるとされ、豊穣女神としての特徴を表わしている。

†浮気な女神はどこから生まれた？

古い女神であり、ヴェーダ文献にすでに現われる。「シュリー讃歌」において、泥と共に住み、また雌牛の糞に宿り、象の声に喜ぶのだという。泥というのは、シュリーの象徴である蓮の花が、泥の中から咲くことに由来するものと思われる。

ヒンドゥー教の神話では、シュリーは海から生まれた。ある時神々と悪魔たちは不死の飲み物アムリタを得るためにマンダラ山を海に運び入れ、そこに蛇のヴァースキを巻き付けて、その蛇の尾と頭を持ち、引っ張り合うことで海を攪拌《かくはん》した。攪拌された海から、やがて、シュリー女神、酒の女神スラー、太陽と月、神馬ウッチャイヒシュラヴァス、宝珠カウストゥバなどが生じた。一種の創世神話である。

シュリーは浮気な女神とされることがあり、ヴィシュヌ神妃となる以前は、インドラ（2－4）やクベーラなどさまざまな男神と関係があったようだ。特にインドラとの関係は深く、『マハーバーラタ』にはシュリーが悪魔のアスラたちのもとを離れてインドラの中に住むことになる神話がある。これは、シュリーによって体現される王権がアスラからインドラに移ったことを意味している。

†「海の娘」の共通点

浮気な豊穣の女神ということでは、シュリーはギリシアのアプロディテや北欧ゲルマンのフレイヤ（4－18）と同質的である。アプロディテは夫のヘパイストス（5－9）に満足せず、多くの男神や人間の男性と関係を持った。とくに戦神アレス（2－2）との浮気が名高い。ほかに、アドニスやパエトン、人間のアンキセスも彼女の愛人だった。フレイヤもまた、ロキ（6－11）の言葉によると、神々やこびとたち全員の愛人であるのだという。

シュリーとアプロディテ、フレイヤの類似はこれだけではない。いずれも「水・海」に関わるという共通点もある。シュリーは海から生まれた。アプロディテは切り取られたウラノスの男性器が海に落ちて、そこから生まれたのであった。またアプロディテは海難守護の女神でもある。フレイヤの場合、父神であるニョルズが海の神である。とくに誕生に関連して、この三女神は海と関わりを持っている。つまり彼女らはいずれも「海の娘」なのである。

叙事詩の『マハーバーラタ』では、シュリーはドラウパディーとして化身し、主役の五人の王子全員の妻となった。一妻多夫婚というきわめて稀な結婚形態である。これは、ヴィシュヌ神妃以前のシュリーの姿を反映している。他方、もう一つの叙事詩『ラーマーヤナ』において、シュリーは女主人公のシーターとして化身するが、シーターの夫はヴィシュヌ神の化身であるラーマ王子（2-14）であり、この段階においてすでにシュリーのヴィシュヌ神妃としての地位が確立されていると見ることができる。

『マハーバーラタ』においてシュリーが化身したドラウパディーは、彼女自身がひどい辱めを受けたことで戦争の原因となるが、同様にギリシアでも、アプロディテの化身とも言われるヘレネの誘拐がトロイ戦争の原因となった。シュリーやアプロディテの化身が戦争を引き起こしている。ここにも、インドとギリシアの神話の類似を見て取ることができる。

4-8

女媧【中国／女神】

原初の創造女神

神話上の古帝王である三皇の一人。残る二人は伏羲《ふくぎ》と神農である。原初の存在で、神々と人類の母。

†土を捏ねて人間に

中国戦国時代の詩集である『楚辞』において、始原の存在である女媧《じょか》に身体があるのはなぜなのか、疑問が呈されている。また、おそらく蛇のような神々を産んだようである。

さらに女媧は土を捏《こ》ねて人類を形作ったが、その作業が途方もなく長く思われたため、縄を泥に浸して、そこから滴《したた》った泥から人間が造られた。土を捏ねて作った人間は貴人に、泥から生まれた人間は貧乏人になったのだという。

太古の時に天地を補修したとする話もある。東西南北の極が壊れ、大地が裂けて割れ、火が燃えて止まらず、洪水も起こって引く気配がなかった。女媧はいろいろな石を練って天空のほころびを修繕し、大きな亀の足を切り取って四つの極とし、水害の原因であった黒龍を殺して洪水を止めた。こうして人々は平和に生きていくことができるようになった。

女媧は兄弟でもある伏義と夫婦とされ、蛇の下半身を絡めた図が描かれてもいるが、どうやら原初の女神である女媧と、伏義と対になる女媧とは元来別のものであったようだ。

†神々の母、怪物の母

比較神話学者の森雅子は、女媧をメソポタミアの神話と比較し、その起源にシュメールのナンムとバビロニアのティアマトの存在を想定する。まず彼女らはいずれも原初の女神である。ナンムは「海」であり、「天と地を産んだ母」である。ティアマトもまた海の女神で、夫のアプスーとの間に多くの神々を産んだ。次に彼女らはいずれも「神々の母」であり、同時に「怪物の母」でもある。そして粘土や土で人間を造ったという点でも共通している。これらの類似から森は、メソポタミアの神話がシルクロードに乗って東に運ばれ、女媧の神話形成に何らかの役割を果たしたのではないかという推測を提示している。

『山海経』(第十六)の女媧

4-9

スセリビメ【日本／女神】

大地そのものの女神

根の国の主であるスサノオ（6-5）の娘。母神は不詳である。名称の「スセリ」はスサノオの「スサ」と同根で、勢いのあるさまを表わす。スサノオの一側面が独立して女神として現われたものかとも考えられる。豊穣の神オオクニヌシ（3-5）の正妻で、正妻とされるのはこの女神が最初である。

†スサノオの娘、オオクニヌシと結ばれる

スセリビメは根の国に試練を受けにやってきたオオクニヌシをさまざまに助ける役割を果たす。『古事記』では次のように語られている。根の国に赴いたオオクニヌシは、迎えに出てきたスセリビメと恋に落ち、その場で結婚した。結婚の報告を受けたスサノオは、その晩、オオクニヌシを蛇のいる部屋に寝かせた。するとスセリビメが、蛇の害を払う布（ヒレ）をオオクニヌシに授けて、蛇が食いつこうとしたらこの布を三度振って追い払ってくださいと、使い方を教えた。その通りにしたところ、蛇は自然に鎮《しず》まったので、オオクニヌシは安らかに眠ることができた。次の夜は、ムカデと蜂のいる部屋に入れられたが、

ムカデと蜂を払う布をスセリビメが渡したので、無事にそこから出ることができた。

次にスサノオは、鏑矢《かぶらや》（射ると音が鳴る矢）を広い野原の真ん中に射て、その矢をオオクニヌシに拾わせようとした。オオクニヌシが野原の中に入っていくと、スサノオは火を放って野原を周囲から焼いてしまった。しかしオオクニヌシは鼠《ねずみ》に助けられて生きて戻ることができた。次にスサノオが自分の頭の虱《しらみ》を取る試練を課した時も、スセリビメの助力で切り抜け、最後には妻を背負い、スサノオの宝である生大刀《いくたち》・生弓矢《いくゆみや》・天詔琴《あめののりごと》を携えて逃げ出した。

スサノオは黄泉比良坂《よもつひらさか》まで追いかけてきて、はるか遠くにオオクニヌシを見ると、大声で祝福の言葉を述べた。「お前が持っていったその生大刀・生弓矢で八十神《やそがみ》たちを成敗し、国土の主となって私の娘スセリビメを正妻とし、宇迦《うか》の山の麓《ふもと》に大きな宮殿を建てて住むがよい」。こうしてオオクニヌシは、スサノオの命令した通りに兄弟の八十神を征伐して国作りを始めた。

†すべての大地の実りの母

豊穣神オオクニヌシの正妻であるが、スセリビメには子がいない。そのことは、古川のり子によれば、スセリビメが大地そのものの女神であり、したがって大地の実りがすべて彼女の子であることを示しているという。
高志《こし》のヌナカワヒメに激しく嫉妬する一面もある。浮気を繰り返すオオクニヌシに怒りを向けるが、歌を交わすことで和《なご》められ、夫とともに鎮座する神話はたいへん美しいものである。

†「娘の結婚」神話の類型

スセリビメとオオクニヌシの結婚の神話は、『古事記』上巻の最後の方に語られる、海の神の娘トヨタマビメと天神の息子ホオリの結婚の神話と興味深い対応関係を示す。まず両者ともに「異界の娘」との結婚の話であることが共通している。スセリビメは黄泉《よみ》の国におり、トヨタマビメは海の世界に属する。

しかし反対の要素もある。スサノオはスセリビメの結婚を快く思わず、オオクニヌシにさまざまな試練を課した。トヨタマビメの場合、父である海の神は二人の結婚を祝福した。最後に、オオクニヌシはスサノオから宝物を盗んで妻と共に逃げた。他方、ホオリは海の神から宝物を授かり、一人で地上に帰った。

このように、物語の筋は同じだが、細部が反転しているという構造が見て取れる。神話にはしばしば見られる現象である。

4-10

西王母【中国／女神】

憧憬の女神、しかしもとは半人半獣

山に住む恐ろしい姿の女神であったが、次第に不老長寿を司る美しい女神とされ、不死の薬を与える存在として知られるようになった。

†イメージの変遷

最古の伝承である『山海経』によると、西王母《せいおうぼ》は山に住み、豹《ひょう》の尾と虎の歯を持つ半人半獣の姿をしており、猛獣のような叫び声を上げ、ザンバラ髪に玉の髪飾りを挿している。恐ろしい姿の、災害や疫病の女神であった。

『山海経』の西王母

しかし次第にそのイメージは変貌し、戦国時代の『荘子』ではいつ生まれいつ死ぬか分からない不老長寿の女神となり、現世の幸福と不死を約束する力を持つようになった。

さらに漢の武帝の宮殿を訪れる小説類の記述では、帝に不老長寿を約束する桃の実を与える絶世の美女とされている。道教においては、最高神である玉皇上帝の妃として女神の最上位にのぼりつめた。

羿《げい》という弓の名手が西王母を訪れた時、不死の薬を与えられたが、それを妻の嫦娥《じょうが》が盗んで月に逃げたという話がある。嫦娥はとうとう月に身を寄せ、ヒキガエルとなった。

†ネコと女神

西王母はもとは豹の尾に虎の歯をもつ、ネコ科動物の特徴を備えた半人半獣の姿であった。女神とネコ科動物との関連が見て取れるが、これはたとえばメソポタミアでイシュタル（2-3）がライオンを従えていることや、インドでドゥルガー女神（4-15）の乗り物・ヴァーハナが白いライオン、あるいは虎であること、そして北欧のフレイヤ（4-18）の乗り物が猫に牽《ひ》かれていることなどを想起させる。どうやら、神話でネコ科動物は女神と関連が深いようだ。

4-11
セクメト【エジプト／女神】
人類を全滅させかけた恐るべき女神

その名は「力強き女性」を意味し、名前の通り強大な力を持つ。破壊的な側面と守護および治癒の側面という相反する性質を併せ持つ。ライオンの頭部と人間の身体を持つ姿で表わされることが多い。猫の姿のバステト女神や、母なる女神ムトと関連づけられることもある。カルナクのムト神殿には大量のセクメト像が配置されている。彼女は早くから太陽神ラー（1-18）の娘として位置付けられた。

†父神ラーの「眼」が人間と戦った

セクメトの神話は父神ラーと結びついている。ラーははじめ、自らが創造した世界を地上から支配していた。彼の統治は一種の黄金時代であった。彼は毎朝ヘリオポリスのベンベンの丘の館から出て、王国の十二の州を進み視察した。しかしこれは人民にとって弾圧的で、しばしば彼らは反乱を起こした。しかしラーは強力であったので、人々はすぐに鎮圧されるのであった。反乱軍はある時、ラーの宿敵である蛇のアペプと共謀したが、一日中戦って、制圧された。やがてラーは老齢に悩まされるようになった。そこに付け入るように反乱軍が立ち上がった。反乱軍を抑えるため、ラーは彼の「眼」を派遣した。「眼」はセクメトの姿となって人間を殺戮《さつりく》し、滅亡させる勢いであった。ラーはそれを望んでいなかったので、赤い色の大量のビールを作り、セクメトに飲ませた。これによりセクメトは人類滅亡の計画を捨てた。

砂漠の熱風は「セクメトの息」、疫病は「セクメトの使者」と呼ばれた。また王権と関連づけられ、セクメトが王を身籠ったとする話がピラミッド・テキスト（ピラミッド内に刻まれた文字）に現われる。

†インドの女神ドゥルガーとの類似点

恐るべき女神としてのセクメトは、インド神話のドゥルガー（4-15）と比較できるところがある。ドゥルガーは『デーヴィー・マーハートミャ』（女神のいさおし）という文献によると、神々が発した熱光から生み出された。神々の身体から熱光が発生し、それが一つの輝きにまとまり、そこから女神が誕生したのだ。彼女は神々からさまざまな武器を与えられ、神々の敵であるアスラの王マヒシャと戦い勝利をおさめた。

ところでセクメトはラーの一部である眼が変化したものであった。一方ドゥルガーは男神たちの一部である熱光から生まれた。いずれも恐るべき女神の出自が男神に求められている。また、ドゥルガーは白いライオンを乗り物（ヴァーハナ）としており、この点でもライオンのセクメトに近い性質を示している。メソポタミアの豊穣と戦争の女神イシュタル（2-3）がライオンを従えているのも、セクメトやドゥルガーに似ていると思われる。

女神はその本質として生を司る。しかし生み出したならば、それらの生命に責任を持たねばならない。生み出すだけだと、世界に生命があふれて秩序が成り立たないからだ。生んだからには、死を与えねばならない。それが神話の論理なのだ。セクメトやドゥルガーなどの「恐るべき女神」の存在には、そのような神話の論理が反映されていると見ることができる。

セクメトはライオンというネコ科動物であり、同じネコ科である猫のバステトと関連が深く、さらには母神ムトとの結びつきを考えると、ネコ＝母神＝呑みこむ恐るべき女神、という観念連合を導くことができる。

同じ観念連合では、北欧の神話で、豊穣の女神フレイヤ（4-18）が猫の牽《ひ》く車に座すとされる。フレイヤは美と豊穣と愛の女神であるが、他方でセイズという不気味な魔術を用いる女神でもある。すなわち、ネコ＝豊穣の神として母神＝セイズを用いる呑みこむ恐るべき女神、という図式になるのである。

4-12 セドナ【ネイティブ・アメリカン／女神】

その指が海獣になり、海の底に座す世界の支配者

膨れた身体、片目、指のない醜い老女とされているが、アザラシの姿として考えられる場合もある。天候や地下世界を支配する強大な女神。

†犬、ウミツバメ、父

バッフィンランドに伝わる神話では、人間と結婚したがらない娘が犬と結婚して、子供をもうけて育てている。ある時、見目麗しい男がやって来て、娘はその男について行き、ある村に着く。そこはウミツバメの村で、男はウミツバメだった。娘の父親が娘を探して村にやって来て娘を探し出し、娘を舟に隠して乗せて海に出る。男がウミツバメとなって追ってきて、風雨で海は大荒れになる。おそれた父親は娘を海に投げ込む。娘は船べりにつかまったが、父親は斧《おの》で娘の指を切り落としてしまった。指は海に落ちてクジラやアザラシになった。なおも船べりにつかまる娘の片目を、父親は櫂《かい》でたたいた。ついに娘は海に落ちてセドナとなり、海の中で石とクジラの骨でできた家に住んでいる。そこには父親も、犬もいる。

†体を「切り刻む」神話

セドナの指が海獣となった話は、インドの神話を想起させる。サティーという女神がいて、シヴァ神（1–8）の妻であった。しかしシヴァ神と自分が伝統的なヒンドゥー教の祭式に呼ばれなかったことを恥じて自殺してしまった。シヴァはサティーの死体を担いで大地を歩き回った。その様子があまりに激しかったので世界が滅びそうになった。そこでヴィシュヌ神（1–4）が、武器の円盤でサティーの身体を断片にした。そのそれぞれの断片から、地域の女神たちが誕生した。

どちらも、女神の身体の一部から新たな動物や女神が誕生している。巨人の身体から世界が創られたとする「世界巨人型」や、その身体から穀物を生み出した「ハイヌウェレ型」（3–14）に接続する可能性のある神話である。

4-13

ティローッタマー【インド／女神】

悪魔の兄弟を滅ぼした美しき天女

悪魔の兄弟を滅ぼすため、工作神ヴィシュヴァカルマン（5-4）が造り出した美しい天女。役目を終えたのちは、どうやら流れ星になったようである。

†ブラフマーとヴィシュヴァカルマン

スンダとウパスンダという悪魔の兄弟がいて、激しい苦行をして創造神ブラフマー（1-16）を喜ばせたので、願いを叶えてもらえることになった。二人は、「われわれ互いを除いて、だれもわれわれに危害を加えることができない」ことを望み、叶えられた。

無敵となった二人は天、空、地の三界を征服し、バラモンたちを殺害し、地上を荒らした。困った聖仙や神々の頼みを受けたブラフマーは、二人を滅ぼすため、工作神ヴィシュヴァカルマンに命じて、一人の美しい天女ティローッタマーを造らせた。

天女はスンダとウパスンダが山中で宴会をしているところに行った。兄弟は、自分こそがこの天女の夫になるのだと言い争いをはじめ、とうとう武器を出して戦い合い、互いを滅ぼした。

天女はブラフマーから願いを叶えてもらえることになったが、「よろこんでくだされば」とのみ答えた。ブラフマーは、天女を（おそらく）流れ星に変えた。

†ギリシア神話パンドラとの類似

このティローッタマーの話は、ギリシアのパンドラの話に似ている。どちらも神々の工匠が女性を造り出す。その女性は兄弟のところに赴き、彼らに災いをもたらす。ギリシアでは、パンドラはプロメテウス（5-8）の兄弟であるエピメテウスのもとに送られ、大甕《おおがめ》の蓋を開いて災いを撒《ま》き散《ち》らしたのだった。

パンドラといえば「箱」であろうが、ギリシア語の原典ではパンドラに関して「箱」は出てこない。彼女が開けたのは「ピトス」と呼ばれる大きな甕である。ローマ時代に、ギリシア神話が受容され、その際に甕から箱へと伝承が変化したのだ。

4-14

テティス【ギリシア／女神】

人間に嫁いだ海の女神

ネレイデスと呼ばれる海の女神たちのひとり。人間のペレウスと結婚し、ギリシア神話最大の英雄アキレウスをもうけた。

†人間との間に最強の息子を生んだ

最高神ゼウス（1-9）と、その兄弟で海を司るポセイドンが彼女に恋をしたが、掟《おきて》の女神テミスにより、テティスから生まれてくる息子は父よりも強い力を持つと予言されたので、二神とも求婚をあきらめ、父よりも強い子が生まれても安心なように、人間の男と結婚させた。

テティスははじめ、浜辺に突然現われた人間の男の求婚を拒み、鳥や木や猛獣などに変身して彼の腕から逃れようとしたが、何に変身しても彼が抱擁を解かないので、あきらめて妻になることにした。二人の結婚式が神々の間で盛大に行われたが、争いの女神エリスだけが呼ばれなかったことが禍根を残し、トロイ戦争の原因となった。

†「アキレス腱」の由来

テティスはアキレウスを産むと、彼を不死の身とするため、冥府の川ステュクスに彼の身体を浸していた。そのとき手に持っていたのが彼の足首だったので、そこだけは水につからず、彼の唯一の弱点となった。「アキレス腱《けん》」の由来である。

アキレウスはトロイ戦争において無比の活躍をした。大将であるアガメムノンと諍《いさか》いを起こして戦闘から一時退いていたが、親友であるパトロクロスが戦死すると、彼を殺したトロイの王子ヘクトルに復讐するため、戦場に出ることを決意した。母のテティスは鍛冶の神へパイストス（5-9）に頼み込んで、息子のための武具を作ってもらった。

ヘクトルは死の運命を身近に感じつつもアキレウスと一騎打ちをし、殺された。その後、トロイ方の軍勢に女だけの国アマゾンの女王ペンテシレイアや、曙の女神エオスの息子メムノンなどが次々に加勢に来たが、ことごとくアキレウスに討ち取られた。そのアキレウスも、アポロン神（5-3）の助けによってその唯一の弱点を知ったトロイの王子パリスによって、討ち取られた。テティスの嘆きは深かった。

4-15

ドゥルガー【インド／女神】

美しき戦女神

ヒンドゥー教を代表する大女神。美しき戦女神であり、神々が束になっても敵わなかった悪魔のマヒシャをたった一人で殺害した。醜い戦女神であるカーリー（4-5）は彼女の額《ひたい》から誕生した。

†悪魔との戦い

『デーヴィーマーハートミャ』というヒンドゥー教の文献によると、悪魔の王マヒシャが神々との戦いに勝利し、神々の王インドラ（2-4）の居所を奪った。インドラをはじめとする神々はブラフマー（1-16）を先頭にして、ヴィシュヌ（1-4）とシヴァ（1-8）のもとに行った。事情を知ったヴィシュヌとシヴァは、怒りから熱光を発した。他の神々の身体からも熱光が生じ、それらが一つにまとまり、そこから一人の女神が誕生した。この女神こそドゥルガーである。

神々は自分たちの得意とする武器をそれぞれドゥルガーに与えた。シヴァは自身の三叉の矛から分身を作るようにして三叉の矛を引き出し、ドゥルガーに与えた。同じようにクリシュナ（6-3）は円盤を、水の主はほら貝を、火神は槍を、風神は弓と、矢で満たされた二つの箙《えびら》（矢を入れて運ぶための武具）を、インドラはヴァジュラ（金剛杵《こんごうしょ》）を、ヤマ（7-9）は杖を、ヴァルナ（1-3）は縄索《じょうさく》（なわのこと）を、海は衣服とさまざまな装飾品を、ヴィシュヴァカルマン（5-4）は斧《おの》と種々の武器と、貫かれることのない鎧を与えた。こうして神々から贈り物と祝福を受けた女神は高らかに笑い声を発した。

女神と悪魔たちの戦いが始まった。女神は悪魔の無数の軍勢を殺戮《さつりく》した。軍隊が壊滅させられたのでマヒシャが自ら戦闘に赴いた。マヒシャは水牛の姿で戦った。女神は縄で彼を縛った。するとマヒシャは今度は獅子の姿になった。女神がその頭を落とそうとすると、剣を持った男になった。女神はその男を矢で切断した。マヒシャは次には巨大な象となった。女神は象の鼻を剣で切った。マヒシャは再び水牛の姿に戻った。女神はそのマヒシャの首を矛で落とした。こうして悪魔のマヒシャは滅び、神々は喜びに沸いた。

†「力」の顕現

この話の背景にはヒンドゥー教のシャクティ思想がある。ヒンドゥー教の聖典が書かれている言語はサンスクリット語であるが、サンスクリット語の名詞には男性・中性・女性がある。シャクティとは女性名詞で「力」という意味である。つまり女神ドゥルガーはシャクティそのものの顕現なのだ。ヒンドゥー教の教義が練り上がってくると、ブラフマーとヴィシュヌとシヴァの三神を主神と考える「三神一体＝トリムールティ」の思想が現われるが、シャクティ思想はそれよりもさらに新しく、三大主神をも超えた力の顕現と考えられ、神々にも成し遂げることができなかったマヒシャの退治を一人で完遂させるほどの力ある女神像が生み出されたのだ。

戦う女神は世界の他の地域にも見られる。メソポタミアのイシュタル（2-3）は豊穣と戦闘という、相反するように見えるものの両方を司るが、実はこの両者は神話的思考において根底でつながっている。エジプトにはライオンの姿で現われるセクメト（4-11）という女神がいて、人類を喰って滅亡寸前まで追いやった。北欧ゲルマンには戦女神ヴァルキュリアたちがいて、地上での戦争ですぐれた勇士を見つけて死の運命を定め、天界に連れて行き、巨人との最終戦争「ラグナロク」の際の味方として、時が来るまで歓待するのだという。

神々はドゥルガーが誕生すると、それぞれが得意とする武器などを贈り物として与えた。このモチーフは、ギリシア神話で最初の人間の女パンドラがすべての神々から贈り物を授かったことに通じる。神々によって造られ、神々の贈り物を授かったということで、どちらも「パンドラ型」と呼んでもいいような神話モチーフが表われている。

4-16

トラルテクトリ【メソアメリカ/女神】

人肉を欲する大地の女神

原初の怪物の女神で、その身体が引き裂かれて世界が形作られた。

†上半身は大地に、下半身は天に

ケツァルコアトル(6-4)とテスカトリポカ(1-14)という二人の神が天から舞い降りてくると、海を渡って来る怪物トラルテクトリを見た。怪物は腹を空かせていて、牙《きば》をむいた大きな口を持ち、肘や膝など体中に口を持っていて、歯ぎしりをしていた。このような獣がいては天地創造の仕事を終えることはできないと考えた二神は、それぞれ大蛇に変身した。そして一方が怪物の左手と右足を持ち、他方が右手と左足を押さえ、両側から引っ張ってトラルテクトリを引き裂いた。トラルテクトリの上半身は大地となり、下半身からは天が造られた。

神々は身体を引き裂かれたトラルテクトリを慰めるため、彼女の髪の毛と皮膚から草木や花を、目から泉や小さな洞窟を、口から河や洞窟を、鼻から渓谷や山を造った。しかし女神は毎夜、人間の血と心臓を求め、悲痛な声で叫び声を上げた。このため、大地に人間の生贄《いけにえ》を捧げなければならなかった。

†「世界巨人型」神話

原初の怪物が殺されて、その死体から世界の諸要素が形作られたとする点で、この話は「世界巨人型」に属すると考えていいだろう。このタイプの神話は特に文明が発展した地域に多く見られる。中国では盤古《ばんこ》という巨人がいて、これが死んで、世界を構成する諸要素が発生した。インドではプルシャという巨人を神々が犠牲にして、そのプルシャの身体から世界の諸要素が整った。北欧ゲルマンではユミルという原初の巨人が、新しい世代のオーディン（1-6）らに殺害され、その死体から世界が創られた。トラルテクトリに最も近いのはメソポタミアのティアマトであろう。ティアマトもまた女神であり、その姿は怪物であると考えられていた。そしてやはり身体を引き裂かれてそこから天地が造られた。

ただしトラルテクトリの場合は、世界の諸要素だけでなく、草花もその身体から発生している。するとこの神話は、豊穣神の項で述べた「ハイヌウェレ型」（3-14）とも接続する。ハイヌウェレ型では、殺された女神の死体から有用植物が発生するからだ。

そもそも「世界巨人型」と「ハイヌウェレ型」は死んだ神から何かが生まれるという点で同じ発想を持っており、その相互の関係性については難しい問題をはらんでいる。

4-17
ヒナ【ポリネシア／女神】

多様な側面をもつ、ポリネシアで広く信仰された女神

ポリネシア各地で信仰されており、名前もヒナ、ヒネ、イナ、シナなどがある。一般的には月に住んでいて、タパ（樹皮でできた布）を打っていると言われる。

†冥界の女神でもある

南太平洋にあるクック諸島ではヒナはイナという少女として語られている。イナが水浴をしていると、ウナギが寄ってきた。毎日同じことが続いたので慣れてきたころ、ウナギは男に変身して、自分はウナギの守護神トゥナで、あなたに恋をしてしまったのだと言う。イナはトゥナの美しさに魅了され、二人は逢瀬を重ねた。しかしある時トゥナは、別れの時が来たが、もうすぐ洪水が起こるだろう、その時私はウナギの姿であなたの家まで行くから、そしたら私の頭を切り取って埋めてくれ、そこから何かが生えてくるから大事にしてくれ、と言った。

果たしてトゥナが言ったとおりになった。イナはトゥナの頭を斧《おの》で切り落として家の裏に埋めた。洪水は引いていた。頭を埋めたところから、芽が出て、やがて二本の木になり、

一方からは赤い実、他方からは白い実が生《な》った。これがココヤシの起源となった。

マオリ族や一部の島では、ヒナは冥界の女神である。創造神タネ（1-11）は土で最初の女を造り、これと交わり、娘のヒネを産ませた。ヒネが成長するとタネは彼女と結婚した。しかしヒネはある時自分の夫が自分の父であることを知り、絶望して自殺し、黄泉《よみ》の国に行った。タネはヒネを追っていき、一緒に地上に帰るよう懇願したがヒネは冷たくこう言い放った。「あなたは一人で地上に戻り、光のもとで子孫を養いなさい。私は地下の国にとどまり、あなたの育てた人間たちを暗黒と死の国に引きずり下ろすでしょう」。これ以後、生きている者たちの国と死者の国とは交流ができなくなった。

†日本神話との類似

二番目に紹介したヒネの神話は、日本の神話との類似が指摘されている。イザナキが死んだイザナミ（7-2）を追って黄泉の国に行くが、イザナキはイザナミの醜い姿を見て逃げて、ヨモツヒラサカを大きな岩で塞《ふさ》いで人間の生と死に関する会話を交わしたという話だ。何らかの系統的な関連が示唆されるところである。

4-18

フレイヤ【北欧／女神】

美・愛・豊穣の女神

生と死、愛と戦争、豊穣と黒魔術を司る大女神。海の神ニョルズの娘で、豊穣神フレイ（3-16）とは双子のきょうだいである。天界にフォールクヴァングという屋敷があり、そこでフレイヤは戦死者の半分を歓待している。残りの半分はオーディン（1-6）のものだ。

†オーディンの愛人だが浮気性

フレイヤはオーズという神と結婚したが、ある時オーズは長い旅に出た。フレイヤは彼を想って、地方を泣きながらさまよった。その涙は赤い黄金となった。いなくなった夫を探し求める神話は、エジプトのイシス（4-2）の場合と共通している。イシスは死んだ夫オシリス（7-4）の遺体の入った棺《ひつぎ》を求めて、各地をさまよった。

『ソルリの話およびヘジンとホグニのサガ』によると、フレイヤはオーディンの愛人であった。ある時フレイヤは、四人のこびとのドヴェルグたちが作っている黄金の首飾りを見た。フレイヤはどうしてもそれが欲しくなり、金銀などいくらでも払うから、それを譲ってほしいとドヴェルグに頼みこんだ。ドヴェルグたちは、しかし、金も銀もいらない、ただあなたが私たち一人ひとりと一夜ずつ寝るならば、これをあげようという。フレイヤは四夜ののち、首飾りを手に入れた。

この不貞がオーディンの知るところとなった。オーディンはロキ（6-11）に、フレイヤのもとから首飾りを盗んでくるよう命じた。ロキは変身の力を駆使してフレイヤから首飾りを盗んだ。フレイヤは、オーディンのしわざであることにすぐに気がつき、彼に首飾りを返すよう求めた。オーディンは条件を出した。それは地上で戦争を起こすことで、しかも戦いで倒れた者たちはすぐに起き上がって戦争を続ける呪いと魔力をかけるということだった。フレイヤは承知して、首飾りを受け取った。

地上では戦争が始まり、戦士たちは倒れてもまた起き上がり、戦いは百四十年も続いた。ノルウェー王の従者イーヴァルが呪われた戦士たちを皆殺しにして、ようやく戦争は終わりを迎えた。

†戦争を引き起こす女神

フレイヤはセイズという魔術を操り、この魔術は女性に属する。しかしオーディンがフレイヤからこれを教わり、この魔術を用いるようになった。フレイヤとオーディンは神話で愛人関係にあるだけでなく、同じ魔術の使い手であったり、戦死者を半分ずつ手に入れていることなど、密接な関係にあることが窺われる。

豊穣の女神として、フレイヤは浮気な性質を示す。この点でインドのシュリー（4-7）やギリシアのアプロディテと通じるところがある。フレイヤは首飾りを手に入れるために四人のドヴェルグと寝たが、そのほかに、ロキの悪口によると、フレイヤはすべての男神とこびとたちの愛人であり、きょうだいのフレイとも近親相姦《そうかん》の関係にあるのだという。

フレイヤはヴァン神族の出身であり、その点で他の神々とは出自が異なっている。北欧神話では神々はアース神族とヴァン神族から成り立っているが、ほとんどの神々はアース神族であり、ヴァン神族として知られているのはニョルズとフレイとフレイヤのみである。この両神族はかつて戦争をしていたが、講和条約を結んで戦争をやめたという経緯がある。

フレイヤが人間のあいだに戦争を起こした時、彼女はヒルドという名の女性に化身して、戦争の原因を作った。この点で、インドのシュリーがドラウパディーに化身して戦争の原因となったことや、アプロディテが、ほとんど彼女の分身ともいえるようなヘレネをパリスに誘拐させることによってトロイ戦争の原因を作ったことと、よく似ている。

4-19

ヘラ【ギリシア／女神】

嫉妬だけではない、大女神

天界の王であったクロノスと妃レアの長女にして、ゼウス（1-9）の姉妹であり妃でもある。詩人ホメロスなどは彼女の陰湿な嫉妬深さについて語るが、もとは独立した大女神であった。

ジューンブライドという言葉がある。六月の花嫁は幸せになれるのだという。なぜ幸せになれるのかというと、その季節が春のいい気候だということなどではなくて、六月がヘラの守護する月だからである。英語の六月＝Juneとはユノのこと、ユノとはローマにおけるヘラの名である。そしてヘラは家庭の主であり、女性の結婚の守り手であるのだ。

†凄まじいまでの嫉妬深さ

ヘラに関してはやはり嫉妬の話が多い。ゼウスの愛を得たアルゴスの乙女イノの姿を牝牛に変え、さらに苦しめるために虻《あぶ》を送ったのだという。ゼウスが人間の女セメレを愛した時には、人間に変身して彼女に近づき、「ゼウス様の本当の姿を見せてもらいなさい」と唆《そそのか》す。セメレは真に受けて、ゼウスに願い事を何でも叶えてくれるよう約束させた上で

「あなたの本当の姿を見せてください」と言う。ゼウスは約束した以上、違えることはできない。それで真の姿を顕《あら》わす。ゼウスは雷の神であるので、セメレはその瞬間雷に打たれて命を落とした。この時セメレが孕《はら》んでいた子をゼウスは胎《はら》から取り出して自らの太もで養育し、時が来て生まれた子が葡萄《ぶどう》酒の神ディオニュソス（3-9）である。

また「パリスの審判」において、ヘラとアテナ（2-1）とアプロディテは「最も美しい女神へ」と書かれたリンゴをめぐって争うが、最終的に審判者パリスが選んだのはアプロディテであった。ヘラはこれを怨《うら》み、パリスがトロイの王子であったことから、トロイ戦争でトロイを激しく憎んでギリシア方に加勢した。戦争のさなか、ギリシア勢が苦戦しているのを見ると、ヘラは美しく身を装い、アプロディテから借りた「愛の帯」を懐の奥深くに忍ばせ、ゼウスのもとにやって来る。ゼウスが愛欲にかられて妃を抱き、眠りの神によって深い眠りに落ちている間に、海の神ポセイドンがギリシア方に加勢し形勢を逆転させる。やがて目覚めたゼウスは状況を知るや激怒したが、ヘラはポセイドンのしわざと言って怒りの矛先を逸《そ》らしたのだった。

ヘラの嫉妬はギリシア最大の英雄ヘラクレス（2-11）にも向けられた。ヘラクレスはゼウスと人間のアルクメネの子であるが、彼が八か月くらいの赤子の時に、そのゆりかごに二匹の毒蛇を送り付けた。しかし赤子にしてすでに怪力であったヘラクレスは、その蛇を絞め殺してしまった。ヘラのヘラクレスへの憎しみはどこまでも深まり、彼が結婚して幸福に暮らしているのが許せず、「狂気」の女神を送り込み、これによりヘラクレスは妻子を皆殺しにしてしまった。

このように嫉妬の話が目立つ一方で、女性の結婚の守護神であり、出産分娩を司り、また夫を失った女の守護神でもあるとされるヘラは、ホメロスが描くような嫉妬深い一面を超えた、天界の女王にふさわしい風格を備えている。

†反抗と懲罰

ヘラはゼウスから厳しい懲罰を受けたことがあるとされる。ホメロスによると、彼女はゼウスによって黄金の鎖で縛られて宙づりにされたのだという。安村典子によると、この罰は単なる見せしめ以上の意味があり、ヘラがゼウスの権力の転覆を画策したことへの罰であったと解釈できるのだという。ヘラはしばしばポセイドンと協同してゼウスの絶対的な権力に反抗を試みる。しかしゼウスの圧倒的な力の前には、それは無駄なあがきでしかなかったのだ。

4-20

メリュジーヌ【ケルト／女神】

母に呪いをかけられた蛇女

十四～十五世紀のフランス語の文献に現われる蛇の妖精。リュジニャン一族の始祖。夫に、土曜に自分の姿を見てはならないという禁止を課すが、破られ、蛇の姿で去っていく。

†二段階の禁忌

騎士レイモンダンはある時森で誤ってポワティエ伯を殺《あや》めてしまう。途方に暮れて森をさまよっていると、泉で美しいメリュジーヌに出会い、結婚する。メリュジーヌは開墾や灌漑《かんがい》を行ったり、町を建設したりして、領土のために尽くした。彼女の産んだ子らは王や侯になって繁栄した。結婚前にメリュジーヌは、夫に「土曜に私の姿を見てはならない」と禁止を課していた。しかし兄弟から悪い噂を耳にしたレイモンダンは、ある土曜に、妻の部屋に穴を開けて中を覗き見る。メリュジーヌは下半身が蛇の姿になって入浴していた。それでもしばらく二人は共に暮らしていたのであるが、ある時レイモンダンはメリュジーヌを「蛇女」とののしった。これが決定打となり、メリュジーヌは蛇の姿で空を飛んで去っていった。

この場合、メリュジーヌは土曜に沐浴《もくよく》を見られたことだけでは去っていかなかった。「見るなの禁」の侵犯は保留とされた。しかしレイモンダンは、彼女を「蛇女」と罵倒《ばとう》し、言葉によっても禁忌を犯してしまう。こうしてメリュジーヌは去っていった。禁忌が「見るな」と「言うな」の二段階構成となっている。

メリュジーヌの母であるプレジーヌに関しても似たモチーフが出てくる。プレジーヌはアルバニア王エリナスと結婚するが、産褥《さんじょく》の場を見てはならないという禁止を夫に課した。しかしエリナスはこれを破って見てしまう。プレジーヌは三人の娘を連れてアヴァロン島に去っていった。娘たちが成長すると、彼女らは母から話を聞いてエリナスに復讐しようと、彼を山の中に幽閉する。これに激怒したプレジーヌは娘たちに呪いをかける。メリュジーヌが蛇の姿であるのはそのためなのだ。

†「見るな」の禁の類型

メリュジーヌやプレジーヌの場合に見られたような「見るなの禁」のよく知られたものとしては、日本神話のトヨタマビメがある。天孫ホノニニギの子であるホオリは海神の娘トヨタマビメと結婚する。ホオリは地上に帰るが、ある時トヨタマビメが海から出てきて、実は妊娠していて、産む時になったので、地上で産むべきと考えてやって来たのだという。

そこで産屋を作るが、それができあがらないうちにお産が始まってしまう。トヨタマビメは夫に、決してお産の最中に自分の姿を見ないようにと約束させるが、夫は見てしまう。トヨタマビメはワニあるいは竜の姿でお産をしていた。見られたことを知った彼女は産んだばかりの子を置いて、海に帰っていき、海と陸の間にあった道を閉ざしてしまった。この話の場合、「見るなの禁」がメリュジーヌやプレジーヌと一致しているだけでなく、産褥に関するものを見てはならないとしている点で、プレジーヌの場合とより緊密な類似を見せている。

「見るなの禁」は女性から男性に課されることが多いように思われる。日本神話の女神イザナミ（7-2）も、夫のイザナキに、黄泉《よみ》の国での自分の姿を見ないよう言うが、この禁止もやはり破られてしまう。

男性から女性に課される「見るなの禁」としては、エロスとプシュケの話がある。エロスは正体を知らせずにプシュケを娶《めと》り、夜に蠟燭《ろうそく》を灯《とも》して自分の顔を見てはならないと言う。しかし姉妹に唆《そそのか》されたプシュケは夫の正体をどうしても知りたくなり、火を灯して見てしまう。エロスは怒って去り、プシュケの苦難が始まるのだ。

コラム②タジマモリ【日本】

『古事記』中巻の話によると、垂仁天皇の時、天皇はタジマモリという男を常世の国に遣わして、「時じくの香《かく》の木の実」を取りに行かせた。タジマモリは、常世の国にやって来ると、縵橘《かげたちばな》八本と、矛《ほこ》橘八本を得て帰ってきた。しかしその時、垂仁天皇はすでに亡くなっていた。タジマモリは深い悲しみの中、縵橘四本と矛橘四本を皇后に献上し、残りの半分ずつを天皇の御陵の入口に供えて、泣き叫びながら、死んでしまった。天皇は百五十歳で亡くなったとされる。常世の国にあった時じくの香の木の実とは、橘のことで、生命力豊かな木と考えられていた。おそらく神話としては、不老長寿の木ということであろう。タジマモリは常世の国にまで赴いてこれを手に入れたが、戻って来ると天皇は亡くなっていた。

この話には「ウラシマ効果モチーフ」が表われているものと考えられる。異界に行って帰って来たら、地上では数十年、数百年の時が経っていた、という話である。日本の昔話「浦島太郎」では浦島太郎が竜宮城で歓待を受けて帰ろうとすると、玉手箱を与えられ、決して中を見てはいけないと言われる。しかし地上に帰ってきて知り合いがひとりもいないことを知った浦島太郎は、半ば絶望して箱を開けてしまう。すると彼は歳を取って老人になってしまった、という話だ。中国では、山の岩屋で童子の舞楽を聴いていた男が、しばらくして村に戻ってみると、数十年も経っていたという話がある。ほかに、アイルランドのケルト神話にも類話が見つかる。異界と現世では時間の流れが異なっている、ということが表現されており、タジマモリと垂仁天皇の話もこれに連なるものと見ることができるだろう。

第5章

技巧神・医神——ものづくりの神々

工作の神は創造神として大なる力を持つこともあれば、神々の工匠として一段下に控える立場であることもある。医師は、古代世界において「穢れた職業」として蔑まれていたこともあり、医神もまたその地位は低い。しかしながら技術や医術の神は、現代においてその意義を見直す時に来ているように思われる。

鍛冶をおこなうヘパイストス
（ルーベンス作、17世紀。Iberfoto/アフロ）

5―1

アシュヴィン【インド／男神】

医術と海難守護の美しい神

インド最古の宗教文献『リグ・ヴェーダ』にも姿を現わす双子神。双子間の差異はほとんど知られておらず、常に行動を共にする。若く美しい神々とされる。厄難救済、医薬、医療の神として名高い。

†老仙や遭難者を救った神話

老齢のチャヴァナ仙を若返らせ、その妻を喜ばせた話がある。またブジュという男を助けた話もある。ブジュは木片に縛られて大海のただ中を漂流し、救済を待っていた。そこにアシュヴィン双神が百の櫂《かい》を持つ船に乗って現われ、彼を救ったのだという。このためアシュヴィンは海難守護の神としても知られている。

ヒンドゥー教に入ると、叙事詩『マハーバーラタ』において、主役の五人兄弟のうち、末弟の双子ナクラとサハデーヴァの父神として登場することになった。

†インド神話の第三機能を担う

フランスの比較神話学者デュメジルの名高い三機能体系説によると、アシュヴィン双神は豊穣を司る第三機能の神として、第一機能のミトラ・ヴァルナ（1-3）、第二機能のインドラ（2-4）と並び立つ。

また彼によると、第三機能の神はもともと他の神々とは異なる集団に属していた。しかしある事件をきっかけに、神々の仲間入りをしたことになっている。アシュヴィン双神の場合、チャヴァナ仙を老齢から若返らせた時、チャヴァナから神々の飲料ソーマにあずかる資格を与えられた。

ソーマを飲むことは神々の特権であるが、アシュヴィンにはそれが許されていなかった。つまりそれ以前は神々の仲間と認められていなかったのだ。実際、彼らは人間の間をうろつき、医術を用いるので、神々にふさわしくないとされていた。それが、チャヴァナ仙によってソーマを飲むことができるようになり、神々の仲間入りを果たした。これによってインドの神々の世界は三つの機能を備えた完全なものとなったのだ。

5-2

アスクレピオス【ギリシア／男神】

死んで蘇った医神

疾病の神アポロン（5-3）と人間のコロニスの子。半人半馬のケイロンに育てられ、医術を学んだ。死者を生き返らせたことからゼウス（1-9）の怒りに触れ殺されたが、後に蘇生され医術の神として神々の列に加わった。神々と人間の間に生まれた子らの中で、神々の仲間入りをした者は少ない。このアスクレピオスの他には、ゼウスと人間の女の間に生まれたディオニュソス（3-9）とヘラクレス（2-11）がこれに相当する。

†医神アポロンの息子

テッサリアにコロニスという名の美しい王女がいて、アポロン神の寵愛を得ていた。アポロンは神としての仕事に忙しく、たまにしかこの愛人のもとに通うことができない。そこで慰みにと、白い烏《からす》を彼女に与えた。烏はこの頃、白かったのだ。

アポロンがコロニスのもとに通えない日々が続く中、この烏が、若い男がコロニスと親し気に話しているのを目にし、怒り心頭に発してアポロンに告げ口した。アポロンもまた激怒し、恐ろしい矢を射て愛人を殺してしまった。コロニスはこの時、アポロンの子を妊娠していた。アポロン神は、なぜきちんと真実を確かめずに殺してしまったのかと、激しく後悔した。そしてその怒りを烏に向けた。烏はこの時から黒くなり、永遠にコロニスの喪に服すこととなった。

アポロンはコロニスの胎《はら》から嬰児《えいじ》を取り出すと、半人半馬のケンタウロス族のケイロンに養育をゆだねた。医術に長けたケイロンのもとで、子のアスクレピオスは健やかに育ち、その生まれと育ちの両方によって与えられた医術の技によって、その名は全世界に広まった。

†現代に生きる医神の象徴

しかし彼は人間の領域を踏み越えてしまった。死人を生き返らせてしまったのだ。冥府の王ハデス（7-5）は激怒してゼウスに抗議した。ゼウスもまたこのままアスクレピオスを放置することはせず、雷によって彼を殺し、冥府に送り込んだ。しかしアスクレピオスはその功績によって蘇生させられ、医神として神々の列に加えられた。

アスクレピオスの象徴として、蛇の絡《から》まった杖がある。これは現代でもＷＨＯ（世界保健機関）のマークとして知られている。蛇は脱皮をすることから、若返りや蘇生を連想させるため、医神の象徴としてたいへんふさわしい。

†死と蘇生の神話は日本にも

死んで蘇った医術の神という点で、アスクレピオスは日本神話のオオクニヌシ（3-5）に近い性質を持つ。オオクニヌシに関しては、ワニに皮を剝《は》がれてしまった兎《うさぎ》に治療方法を教えて助けてやったり、こびとの神であるスクナビコナを蘇生させたりといった神話が伝えられている。そのオオクニヌシは、兄たちの迫害から逃れて祖先のスサノオ（6-5）のいる根の国に行く。そこで何度も試練にあい、それらを克服し、最後にはスサノオから祝福を受けて、スサノオの娘スセリビメ（4-9）を妻に得て地上に帰り、兄たちを討伐する。根の国、すなわち死者の国に行って帰ってきたということで、この日本の医神も死と再生を経験しているのだ。あるいはこの死と再生こそが、医神のイニシエーションであり、これをもって医神としての資格を得たのだともいえるかもしれない。

山形孝夫によると、エピダウロスというところにあったアスクレピオスの神殿では、アスクレピオス医師団による治療が行われていたが、これはどうやら、外科的手術であったらしい。治療は夜間に行われる。そこで夢を待つ。夢の中にアスクレピオスが顕現し、驚異の手術を行うのだという。このような治療方法は、それまでの加持祈禱《きとう》による治療とは異なる、まったく新しいものであっただろう。

5-3

アポロン【ギリシア／男神】

疾病の神にしてそれを排除する神

ゼウス（1-9）の息子で、母神はレト。双子の姉妹にアルテミスがいる。ギリシアの青年の理想像で、銀の弓を持ち、黄金の竪琴を携えている。もとは植物の繁茂を司り、牧畜の守護神でもあり、悪疫、流行病をも司る。トロイ戦争ではトロイ方に味方し、ホメロスによる叙事詩『イリアス』の冒頭に描かれているところによると、この神の怒りでギリシア方の軍勢に疫病が蔓延《まんえん》した。

アポロン。竪琴と弓を持っている（ベンヴェヌーティ作、19世紀）

†アポロンと予言の力

アポロンの古い要素として、予言をし、神託をくだすというものがある。

デルポイの巫女ピュティアが大地の割れ目から噴き出る気を吸って神がかりの状態になって下す予言は、絶対的なものとして重んじられた。デルポイはもとはピュトと呼ばれ、昔から大地の女神ガイアの託宣所があり、ピュトンという竜が占拠していた。この竜はガイア自身であろうとされる。そこにアポロンがやって来て竜を退治し、自分の社《やしろ》を建てた。この罰を受けて（あるいは別の原因だったともいうが）、アポロンは一年間人間に仕えねばならないことになった。

アポロンはまた医療と関わりを持ち、その力は息子のアスクレピオス（5-2）に受け継がれた。

紀元前五世紀頃には、輝かしい神であるということで、太陽神とされるようになった。トロイの王女カッサンドラの話は、アポロンの神話の中でも古く確かなものである。カッサンドラはアポロンの寵愛を一身に受け、さまざまなものを賜っていたが、中でも予言の力を授かっていた。こうして彼女は先々のことを予言し、託宣を与える力を持っていた。しかしそれほどの寵愛を受けながら、彼女はアポロンに身を許そうとしなかった。怒ったアポロンは、カッサンドラの予言に対して、何者もそれを信じない、という呪いをかけた。それがゆえに、トロイ戦争の際に彼女は常に正しい予言をしたが、誰もそれを信じることはなかった。

†マルシュアスの皮剥

ギリシアの神々は「傲慢＝ヒュブリス」を非常に嫌う。半獣神であるシレノスのマルシュアスの話が名高い。小さな角をこめかみに付け、山羊の脚を持つ彼は、ある時アテナ女神（2-1）が捨てた笛を拾った。マルシュアスはこれをたいへん気に入り、面白く歌い奏でた。彼はやがて、自分の笛は、音楽を得意とするアポロンにも勝ると公言するようになった。こうしてアポロンとマルシュアスが技比べをすることになった。勝者が敗者を自由に処分できるという取り決めだった。当然、神なるアポロンはマルシュアスを軽々と破った。罰として彼は生きながら皮を剝《は》がされた。

†悲恋の多い男神

古代ギリシア人の理想の女神像がアテナであるとするならば、理想の男神像がアポロンである。この輝かしい神は、ゼウスの御子らの中でもとりわけ豊かな神話に取り囲まれている。美男の神ゆえ、恋の話も多いが、どれも不思議に上手くいかない。カッサンドラには裏切られた。ニンフのダプネに恋をして逃げる彼女を追いかけたが、ダプネは父である川の神に懇願して月桂樹に姿を変えた。それでもアポロンの愛は深く、以来彼は月桂樹の枝でその頭を飾っている。

アポロンはコロニスという人間の女を愛したが、お使いの烏《からす》に浮気を告げ口されるや、銀の弓でもって彼女を射殺した。しかしこれは烏の早とちりであった。それまで烏は真っ白であったが、この時以来、黒い色をまとい、永遠にコロニスの喪に服することになった。コロニスはアポロンの子を妊娠していた。アポロンはこの子アスクレピオスを半人半馬のケンタウロスのケイロンに養育させた。長じて彼は素晴らしい医神となった。

ヒュアキントスという青年も、アポロンの寵愛を得ていた。ある時二人は衣を脱いで裸で円盤を投げる遊びをしていた。ところが西風のゼピュロスもまたヒュアキントスに恋をしていた。アポロンがとりわけ力強く円盤を投げた時、ゼピュロスは嫉妬のあまりその円盤の方向を変えさせ、ヒュアキントスの額に当てたのだ。アポロンは悲しみに沈んだが、真心をこめて彼をヒヤシンスに変えた。

このようにアポロンはギリシア人男性の理想の神であるが、その恋はうまくいかず、妃となる女神もいない。ギリシアの男性は自由を愛したのであろうか、不思議な現象である。

5-4

ヴィシュヴァカルマン【インド／男神】

工作神にして創造神

『リグ・ヴェーダ』に現われる工作神で創造神。ヒンドゥー教の神話ではその超越性が薄れ、インドラ（2-4）配下の工作神として登場する。

†両腕とふいごで天地を創造した

この神はあらゆる方向に眼があり、あらゆる方向に口があり、あらゆる方向に腕と脚がある。彼は天地を、その両腕とふいごによって鍛えて造った。

このような神の姿の描写は、同じ『リグ・ヴェーダ』における原人プルシャに似ている。プルシャは原初の巨人で、祭式で供物として犠牲にされてその身体の各部分から世界が生じた。

世界がまだ造られるより前の原初の時に、多頭や多腕の神や怪物がいたとする話は、世界の神話にしばしば見られるものである。原初の混沌を表現しているのであろう。

ヒンドゥー教の神話で、神々の王インドラは止むことのない欲求のままにヴィシュヴァカルマンに壮麗な宮殿を造らせた。終わりのない仕事に嫌気がさした彼は、ヴィシュヌ

（1－4）に相談し、ヴィシュヌによってインドラは世の儚《はかな》さを思い知り、宮殿の造営を止め、世界守護神としての役割を果たすようになった。

†世界の外か、内か

ヴィシュヴァカルマンという名称の意味は、「一切を造る者」と解されるのが一般的である。しかし中村元は、「すべてがそれのはたらきである者」とも解せると述べる。前者の解釈では創造神は世界の外にいる。後者では創造神は世界そのものである。後者であるとするならば、オーストラリアの神話で、創造神が万物を創造したのち、その万物に溶け込んだとされていることに通じる。前者の場合、キリスト教的な世界観に近い。

5-5

ディアン・ケーフト【ケルト／男神】

治癒の泉で怪我を治す

女神ダヌの一族の医神。名前の意味は「迅速に事を運ぶ力の主」であり、迅速な治癒能力を表わすものと思われる。

†眼や腕の手当てをした

薬草が浸された「健やかな泉」を持っていて、そこに負傷者や戦死者を投げ込むと、怪我が治ったり蘇生したりする。眼をつぶされたミディルとルグ（6-9）の治療をしたこともある。フォモーレ族との戦いで片腕を失ったヌアドゥ王のためには銀の義手を作ってつけてやった。これはおそらく世界で最初の義手の記述であろう。眼や腕の手当てをしているので、外科手術に長けた神であったのかもしれない。するとギリシアのアスクレピオス（5-2）に通じるところがある。

ところが、ディアン・ケーフトがつけた銀の義手の代わりに、息子のミアハがもっと優れた医術を見せ、本物のヌアドゥの腕を移植することに成功した。ディアン・ケーフトは嫉妬の怒りのあまり、息子を殺してしまった。

ミアハを埋めた場所から薬草が生えたので、ミアハの妹アルウェドがそれらを調合して人々のための薬としようとした。しかし怒りの収まらないディアン・ケーフトがその薬草の順番をめちゃくちゃにしてしまった。この時もしアルウェドが薬草の調合に成功していたら、人間は不死の薬を手に入れていたかもしれなかった。

†治癒の泉、インドの場合

治癒の泉はインドの叙事詩『マハーバーラタ』にも出てくる。ただしその主は悪魔のアスラであるとされている。インドでは治癒や蘇生は神々よりも悪魔の側に属していたようだ。

治癒の泉に関して、インドのアシュヴィン双神（5-1）とチヤヴァナ仙の話が想起される。スカニヤーという美女を見初めた双子の医神アシュヴィンは、自分たちのどちらかを夫にするようスカニヤーに迫る。スカニヤーは老いた聖仙チヤヴァナの妻であるので、頑なに双神を拒む。すると双神は、チヤヴァナ仙を若返らせてやるから、その上で自分たち三人の中から夫を選ぶがよいという。スカニヤーが同意すると、アシュヴィン双神はチヤヴァナ仙と共に泉に入る。そこから出て来た時には、三人は同じ若く美しい姿をしていた。スカニヤーはその中から、正しく夫のチヤヴァナを選んだ。チヤヴァナは若さを取り戻してくれた双神に感謝して、彼らにソーマに与《あずか》る資格を与えた。

この話でも、泉に入ることによってチャヴァナは若さと美しさを取り戻しているので、ケルトの治癒の泉と同じ役割を見て取ることができる。

†父子の軋轢の類型

ディアン・ケーフトが自分より医術に優れた息子を殺してしまった話は、神話ではしばしば見られる構造である。

ギリシアの神話のクロノスの話では、彼は息子に神々の王位を奪われるという予言を受けて、生まれてくる子を自らの腹の中に呑みこんでいた。末子のゼウス（1-9）だけが母神と祖先のガイア女神によって助けられた。後にゼウスがクロノスに吐き薬を飲ませて兄弟たちを救い出した。クロノスと、ゼウスをはじめとする神々との間に戦争が起こったが、ゼウスらが勝利した。

この話の場合、父子の葛藤は息子の勝利で終わるが、ディアン・ケーフトの場合は父が息子を殺してしまったので、結果は異なる。しかしながら、神話は多く父子の葛藤を描くものなのだ。

5-6

トヴァシュトリ【インド／男神】

工作の神にして創造神でもある

インド最古の宗教文献『リグ・ヴェーダ』に出てくる工作の神。インドラ（2-4）の名高い武器ヴァジュラを作ったのもこの神である。次第にその本来の性格を離れ、宇宙万物を生み出したのも彼だとされるようになった。しかし別の工作の神ヴィシュヴァカルマン（5-4）の台頭により、トヴァシュトリは影が薄くなっていく。

†必殺の武器と三つ頭の怪物を造り出した

『リグ・ヴェーダ』よりも新しく成立した叙事詩『マハーバーラタ』に登場するトヴァシュトリは、理由を明かされぬまま、インドラ神を憎んでいることになっている。彼はトリシラスという三つ頭の怪物を造った。この怪物は一つの口でヴェーダ聖典を学び、一つの口で酒を呑み、一つの口で全方向を呑みこむかのようであった。インドラはトリシラスを惑わせるため、美しき天女のアプサラスたちを彼の近くに送り込んだが、不首尾に終わった。そこでインドラは自ら出向いていき、トリシラスを必殺の武器ヴァジュラで殺害した。トリシラスの死体からは威光が燃え上がり、まるで生きているかのようであった。

その時インドラは、近くに樵《きこり》を見掛け、この樵に「この怪物の頭を切れ」と命じた。樵はしぶしぶながらインドラの命令に従った。インドラは喜んで天界へ去った。

ここでなぜ樵が出てくるのかというと、トリシラスがバラモンだからである。インドのヴァルナ制度と呼ばれる社会階層（カースト制度ともいう）では、バラモン、クシャトリヤ、ヴァイシャ、シュードラがあり、バラモンの地位が最も高い。そのバラモンを殺すことはあらゆる罪の中で最大のものであった。バラモンは古伝承を暗記している。それを語り伝えるのが彼らの役割である。つまりわれわれの価値観に近い言い方をすると、バラモンを一人殺害することは、一つの図書館を焼失させることに匹敵する損失なのである。インドラはその罪を背負いたくなかった。それで卑怯にも樵を使ったというわけだ。

さて、トリシラスの父なるトヴァシュトリは激怒した。そして恐ろしい怪物のヴリトラを創造し、インドラと戦わせた。両者は激しく戦ったが勝敗がつかず、和平条約を結ぶことにした。ヴリトラは条件を出した。「乾いたものによっても、湿ったものによっても、石や木材によっても、通常の武器によっても、ヴァジュラによっても、昼も夜も、インドラと神々は私を殺してはならない」。しかしインドラは主神ヴィシュヌ（1-4）の教えを受け、黄昏時《たそがれどき》に海岸で、ヴィシュヌの入り込んだ泡を用いてヴリトラを殺害した。

†息子インドラの通過儀礼

トヴァシュトリはインドラの父と呼ばれることもある。また彼はインドラと不可分の武器であるヴァジュラの作り手でもある。しかし『マハーバーラタ』のヴリトラ退治神話ではー貫してインドラを憎む敵の立場にある。このようなインドラとトヴァシュトリの関係の不安定さは何に由来するのか。

一つには、トヴァシュトリがインドラの通過儀礼を執り行う神であった可能性が考えられる。インドラは父ともされるトヴァシュトリを克服し、彼が造った武器で、彼が造り出した悪竜ヴリトラを退治し、一人前の神となって世界に平和をもたらす。英雄神には、試練を課すことによって成長を助ける工作神の存在が必要であるのだ。その観点から考えると、樵の存在もトヴァシュトリに近いものがあるかもしれない。英雄の偉業の助け手として、この樵は重要な役割を果たした。

5-7

プタハ【エジプト／男神】

エジプト最古の神にして創造神

エジプトの最古の神のひとり。古王国時代の首都であるメンフィス地方で有力な神であった。職人の神として考えられ、土で人間を造ったクヌム神と同一視されることもあった。

†ろくろの上で万物を造った

古くから職人の神としての性質を表わしていた。同時に彼は創造神ともされるようになった。万物を轆轤《ろくろ》の上で成形したというのだ。これは雄羊の頭を持つメンフィスの神クヌムと同質的である。あるいはプタハは、その思考と言葉によって世界を創造したともされる。この点では、彼は『旧約聖書』の神の先駆者ともいえるだろう。こびとの姿として考えられることもあり、その点ではインドの財主クベーラにつながるものがある。

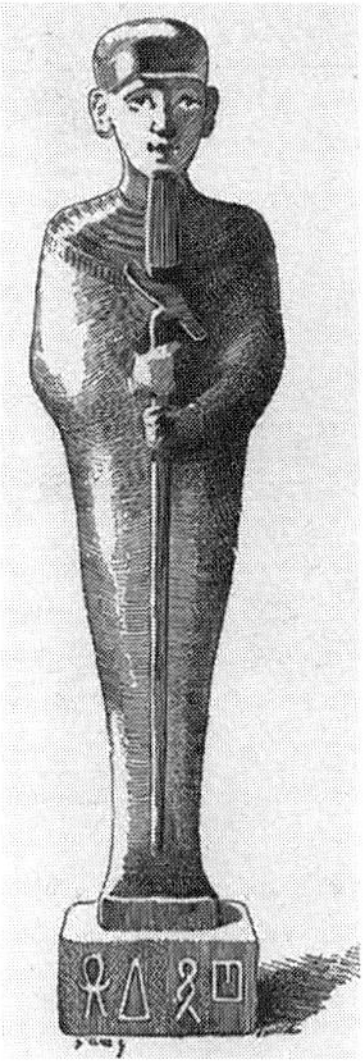

プタハ像（『人類の住居の道』リネハム編、19世紀より）

†土から人間を創造する神話

轆轤でもって土から人間をはじめとする万物を造ったとされるプタハは、創造神としての性格を表わしている。土からの人類創造の話は世界各地に見られるが、おそらくその最も古いものであろう。ほかに、たとえば『旧約聖書』では、神が土の塵《ちり》から最初の人間アダムを造った。南太平洋のメラネシアでは、クァトという文化英雄が粘土をこねて人間を造った。中国では女媧《じょか》（4-8）という女神が土で人間を一つずつ丁寧に造っていたが、次第にその重労働に嫌気がさし、縄を泥にひたして、そこから滴《したた》った泥から人間を造った。最初に丁寧に造られた人間は貴人となり、泥から作られた人間は貧乏人となったという。インドネシアのスラウェシ島でも、ワンギという神が最初の男と女を土から造った。

これらの土からの人間創造の神話は、プタハ（＝クヌム）の神話からも読み取れるように、土器や土偶を土で造っていたことからの類推から生まれた話であろう。

5-8

プロメテウス【ギリシア／男神】

人間のために火を盗んだ神

巨人族ティタンの一人で、人類の創造者にして恩人である。「プロメテウス」の意味は「予め考える者」であり、その名の通り知恵にすぐれていた。ティタンとゼウス（1-9）らが戦争を始めた時、その戦争の行く末が分かっていたので、あえて兄弟たちを裏切ってゼウスの側についた。

†功績かいたずらか

プロメテウスはしかし、ゼウスに味方するばかりではなかった。彼は人間のためを思い、祭儀における牛の分配を決める時、肉と内臓を牛の皮に入れてその上に胃袋を置いたものを一方に、他方に骨を脂身《あぶらみ》でくるんで美味しく見せかけたものを置いた。ゼウスは、脂身にくるまれた骨の方を選んだ。骨は、たしかに食用には適さない。しかしそれは牛の身体の中で唯一朽ち果てることのない部分なので、不死の神々の取り分にふさわしく、他方の肉と内臓は、たちまち腐ってしまうので、人間の儚《はかな》い命にふさわしかった。つまりプロメテウスは人間の味方をして牛の分配をしたつもりが、人間に避けられない死の運命を招いたのだ。

このあと、激怒したゼウスは怒りを人間に向け、火を隠してしまった。しかしその火を、またもやプロメテウスが天界から持ち出して人間に与えた。そのほか、彼は数字や文字、家畜、船などの文化を人間に授けた。

いよいよ我慢ならなくなったゼウスは、プロメテウスをある高い山の峰にある巨岩にはりつけ、一羽の大鷲《おおわし》を彼にけしかけた。鷲はプロメテウスの肝臓をついばんだが、不死の神であるプロメテウスの肝臓は一夜のうちにもとに戻る。こうして翌日もまた鷲に肝臓を喰われるという無限の苦しみにさらされた。結局、人間の英雄のヘラクレス（2-11）が彼を解放して神々の座に戻してやった。

†酷刑は両義性のせい？

プロメテウスの受けた刑罰は、北欧神話のトリックスターであるロキ（6-11）が受けた刑罰と似ている。どちらも主神の怒りを買い、岩に縛られる。一方は肝臓を鷲についばまれ、他方は蛇の毒がその身に滴《したた》るようにされる。プロメテウスもロキも、主神のために良いことをしたこともあった。それがどちらもこのような酷い刑罰を受けているということで、トリックスターの両義性を感じさせる。

5-9

ヘパイストス【ギリシア／男神】

片脚の不自由な工作の神

ホメロスの『イリアス』では最高神ゼウス（1-9）と妃ヘラ（4-19）の嫡子とされるが、ヘシオドスの『神統記』においては、一人でアテナ女神（2-1）を生んだゼウスに対抗するためヘラが一人で生んだのがヘパイストスとされる。尊厳高いというよりは、ユーモラスに描かれることが多い。

†脚が不自由な理由は……

レムノス島のモスキュロス火山の地底に仕事場を持つとされる。あるいは、その仕事場は天上世界にあり、絢爛豪華《けんらんごうか》な造りであるともいう。

母親に親しみを持ち、ゼウスとヘラが喧嘩した時に母であるヘラに加担したため、ゼウスに脚をつかまれてオリュンポス山の高みから放り出された。一日中、中空を落下し続け、夕暮れにようやくレムノス島に落ちたという。このとき彼は脚をくじいて、それ以来脚が不自由であるのだ。あるいは別伝では、彼は生まれつき脚が不自由だったので、ヘラがこれを恥じてオリュンポス山から海に向かって投げ捨てた。それを、海のニンフであるエウリュノメとテティス（4-14）が助け、育てた。彼はその間に鍛冶の技術を覚えたのだという。

†この神話の背後にある観念

ゼウスが一人で生んだ娘のアテナは輝かしい完璧な女神であったが、ヘラが一人で生んだ息子は脚が不自由で母親に捨てられる子として描かれている。父神が一人で生んだ女神の方が、母神が一人で生んだ神よりも優れているという観念が見て取れる。

ヘパイストスは天上界に仕事場を持つとされることもあるが、その本拠地は海底の鍛冶場である。その仕事場で彼はさまざまな宝を作り出す。このように海底に宝があるとする観念はインド神話にも見られる。叙事詩『マハーバーラタ』では、水の神ヴァルナ（1-3）が海底の宮殿に宝物庫を持っていて、そこにさまざまな武器や宝が収められているという。海底と宝とは現代人の感覚では容易には結びつかないが、何らかの神話的思考の表われなのかもしれない。

第6章

トリックスター——いたずら者の神々

善とも悪とも言い切れない、いたずらばかりしているが、そのことによって意図せずに社会の秩序を壊して再構築させるなど、さまざまなはたらきをする、トリックスター。男性や雄の動物であることがほとんどだが、日本のアマノサグメなど、女神である例もまれにある。

スサノオとクシナダヒメ
(月岡芳年『大日本名将鑑』より、素盞烏尊と稲田姫)

6-1

アイヌラックル【アイヌ／男神】

文化を広め、太陽を救い、天女と結婚した

アイヌの始祖神で文化英雄（英雄とトリックスターの中間的存在）。

†なぜ英雄なのか

あるとき沼尻の神が、幌尻《ポロシリ》の沼にたくさんいる伝説の魚を捕ることができた者に国を譲ろう、と言う。多くの神々が水に入って魚を捕ろうとするが一匹も捕まらない。アイヌラックルが水に入ると、両手いっぱいに魚を捕まえ、大地に撒《ま》き散《ち》らすと、それらが雄鹿、牝鹿、小鹿、河の魚の群れ、海の魚の群れなどに変わって、大地にあふれた。こうして国はアイヌラックルに譲られた。国土創世の神話である。

アイヌラックルの活躍はこれにとどまらない。あるとき、魔神が太陽の女神を攫《さら》って山の奥深くに幽閉した。そのため世界は闇に閉ざされた。神々も人間も眠り、そのまま死んでしまう者もあった。太陽の女神は何重もの柵の内に隠されていたが、アイヌラックルは風となって幾重もの柵を通りぬけて、太陽の女神を救い出し、空に放ってやった。

アイヌラックルはあるとき、天女に恋をする。そこで天に昇ると、天女の父から難題を課される。「歌を聴いても笑わないこと」「男性の製作する箕《みの》や鞘《さや》などをただ一日で作ること」「女性の製作する刺繡《ししゅう》など針仕事を一日で行うこと」などの難題をことごとくこなすと、アイヌラックルは地上に戻ってそれらを人々に伝えた。文化の創始である。こうしてアイヌラックルは天女のもとに帰って結婚したのだという。

†世界の神話との類似点

隠されてしまった太陽の女神を救うという話は、『古事記』で太陽女神アマテラス（1-2）が岩屋に籠《こも》った話を想起させる。また天女との結婚譚は、難題婚ということで世界中の天人女房譚と繫がる。

たとえばインドには天女ウルヴァシーと人間の王プルーラヴァスの結婚の話がある。ウルヴァシーは結婚のときの約束を破られたので夫プルーラヴァスのもとを去ってしまうが、彼は必死になって妻を探し出し、結局最後には結ばれる。ほかに、日本に「天女の羽衣」の話がある。漁師に羽衣を隠された天女が天に帰れなくなったので漁師の妻となり、子をなす。しかしあるとき羽衣が見つかり、天女は天に帰る。夫は仙人となり天女と再び結ばれる。

6-2

アマノサグメ【日本／女神】

アマノジャクの起源

神話では珍しい女神のトリックスター。天からの使者であるアメワカヒコの死を導いた。

†国譲りの邪魔をした

アメワカヒコという神が、地上をアマテラス（1-2）の息子に支配させる「国譲り」の使者として天界から地上に遣わされたが、自ら国土の主になろうと企み、八年経っても天界に報告をしなかった。そこでアマテラスと主権を司るタカミムスヒは鳴女《なきめ》という名の雉《きじ》を使者として遣わした。雉がアメワカヒコに、天界へ報告をしないわけを尋ねると、そこにアマノサグメという女神が現われ、この鳥は不吉だから殺してしまえと言う。アメワカヒコは天の神々に授かった弓矢でこの鳥を射殺してしまった。その矢が天界に届き、タカミムスヒが呪文を唱えて地上に放ち返すと、アメワカヒコの胸を貫いた。

†鳥の鳴き声をまねる

古川のり子によると、アマノサグメは天界からの重要な言伝《ことづて》を持ってきた雉を、不吉だと言って殺させており、災いの元となっている。アマノサグメには悪質ないたずら者の神、トリックスターの性質に近いものを見ることができる。

アマノサグメは後に、「アマノジャク」として昔話などに現われる。たとえば鳥取県の話で、御熊の神が橋をかけようとして、山から石を切り出して海中に投じ、橋を作っていったが、もう少しで終わるというところで、鶏が鳴いた。これは「あまんじゃく」が鶏の鳴き声をまねてもう朝が来たと思わせたのだ。このため御熊の神は途中までしか仕事をすることができず、橋は完成しなかった。

アマノジャクは、朝が来たと思わせることで、御熊の神の仕事を途中で終わらせてしまったが、アマノサグメもやはり、偽りの言葉を伝えることで、天と地の連絡をとろうとする神の使いの仕事を邪魔した。どちらもその言葉や鳴き声による偽りで仕事の邪魔をしている点で似ている。アマノジャクはアマノサグメの後裔《こうえい》であろう。

6-3
クリシュナ【インド／男神】
英雄かつトリックスターかつ最高神

ヴィシュヌ神（1-4）の化身の一つ。『マハーバーラタ』ではヤーダヴァ族の英雄として、主役の英雄であるパーンダヴァ五兄弟を助けて参謀の役割を果たした。大戦争ではパーンダヴァ五兄弟の三男アルジュナの戦車の御者となり彼を導いた。親族同士の戦いにためらいを見せたアルジュナに語った「バガヴァッド・ギーター」は現代でもヒンドゥー教の主要な聖典となっている。

†英雄アルジュナとの強い結びつき

クリシュナには三つの層があると考えられる。ひとつは英雄でトリックスターとしてのクリシュナ、ひとつは牧人クリシュナ、そして最後が神クリシュナである。これらは相互に入り混じっているので峻別は難しい。ここではトリックスターとして『マハーバーラタ』で活躍するクリシュナについて見ていこう。

クリシュナはパーンダヴァ五兄弟の中でも、アルジュナと密接な関連を持つ。特に彼らは「二人のクリシュナ（クリシュナウ）」と呼ばれることがあり、さらには「彼ら二人（タウ）」とのみ呼ばれることもある。つまり「彼ら二人」といえばクリシュナとアルジュナのことであると分かる、ということで、両者の強い結びつきが確認される。

クリシュナは『マハーバーラタ』の大戦争においてパーンダヴァの参謀として活躍するが、その策は正義に適っているとはいいがたい。たとえばドローナという敵方の将軍を殺すために、彼の息子であるアシュヴァッターマンが殺された、という偽りを広める案を考え出し、真実しか口にしないパーンダヴァの長兄ユディシュティラに、「アシュヴァッターマンが殺された」と嘘を言わせた。アルジュナの宿敵である敵方のカルナという将軍と戦った時には、カルナの戦車の車輪が地面に沈んだ時、車輪を持ち上げるまで待ってほしいと言われたにもかかわらず、今しかカルナを殺せる時はないとして、アルジュナにカルナを殺させた。このような戦い方はトリックスター的であると言えるだろう。

クリシュナは「神」の視点で地上において働いている。したがって、人間の倫理などとは離れた遠い視点で物語を進めていくのだ。

クリシュナは大戦争を生き残るが、その戦争の三十六年後に、唯一の弱点であったかかとを猟師に射られて命を落とし、ヴィシュヌの本体の中に帰って行った。これにより、インドの宇宙的時間が進み、これまでのドゥヴァーパラ・ユガから、最後の劣悪な時代であるカリ・ユガがはじまることになる。

†二人の英雄による機能内分化

アルジュナとクリシュナの密接な関連は、サンスクリット語の「二つのもの」を表わす双数形で呼ばれることからも明らかであるが、このことについて、デュメジルの三機能体系説から考察すると、興味深いことが浮かび上がる。デュメジルによると、インド＝ヨーロッパ語族に特徴的な三つの機能、第一機能の聖性、第二機能の戦闘、第三機能の豊穣は、それぞれ相補うような二人の神によって担われている。

古いヴェーダの神話では、第一機能はミトラとヴァルナ（1-3）という一対の神が担う。第三機能はアシュヴィン双神（5-1）という双子神が担う。ところがヴェーダの第二機能は、インドラ（2-4）のみが担う。ヴェーダ神話において、第二機能の機能内分化、すなわち相補う二神によって担われるという観念は認められない。しかし、それよりも新しいヒンドゥー教の『マハーバーラタ』において、二人の戦士アルジュナとクリシュナが第二機能を担う。このような形で、ヴェーダには見られなかった第二機能の機能内分化が「復活」したのだと言えるだろう。

6-4

ケツァルコアトル【メソアメリカ／男神】

人類を造った文化英雄

名称の意味は「美しい羽毛を持つ蛇」。ケツァルは鮮やかな美しい色の実在の鳥で、コアトルはガラガラ蛇のこと。ユカテク語では「ククルカン」とも呼ばれる。

†人類の骨と食糧

神々は世界を創り出した後、そこに住まわせる人間を造ることにした。風の神ケツァルコアトルが地下界の死者の国に行くことになった。そこにある、前の世で全滅した人間の骨を取り返すためだ。地下界はミクトランと呼ばれ、ミクトランテクトリ（7-8）が統治していた。

ケツァルコアトルは旅の果てにミクトランテクトリの前にたどり着くと、前の世の人間の骨をもらい受けたい、と言った。死神ミクトランテクトリは条件を課した。ほら貝を吹き鳴らしながら地下界を四周することであった。しかしケツァルコアトルに与えられたのは穴の開いていない貝殻だった。ケツァルコアトルは虫に穴を開けさせてから貝の中に蜂を入れて音を鳴らすことに成功した。ミクトランテクトリは次なる試練を与えるが、ケツァルコアトルは骨を持って逃げ出した。ミクトランテクトリが掘らせた落とし穴に落ちた彼は死んでしまうが、生き返る。この時彼は散らばった人間の骨を拾い集めたが、骨はどれも折れてしまっていた。今の人間の体格がばらばらなのは、このためであるという。

ケツァルコアトルは神々のもとに骨を持ち帰った。シワコアトルという女神が骨を挽《ひ》いて粉にし、壺に入れた。神々は壺の中に自らの血を滴《したた》らせた。こうして今の人間が誕生した。

神々はまた、人間の食物としてトウモロコシを得るために、ケツァルコアトルを派遣した。ケツァルコアトルは黒アリに変身し、赤アリの案内で食糧の山であるトナカテペトル山に行き、トウモロコシの種をいくつか持ち帰った。神々はそれを柔らかくして人間に与えた。

†神々の犠牲の上に人間がある

ケツァルコアトルはトリックスター的機知で人間の創造と人間の食べ物の獲得に寄与したが、そこに明確な目的がある以上、完全なるトリックスターとはいいがたいところがある。トリックスターのはたらきは、全く意図せずに結果的に世界の秩序を再構築することにあるからだ。ケツァルコアトルの場合は、トリックスターと英雄の間に位置する「文化英雄」ととらえるのが妥当なところであろう。

ケツァルコアトルは前の人類の骨と神々の血から新たな人類を造った。世界の神話で、人類の創造にはいくつかの類型がある。まず神が人類を創造したとする型がある。『旧約聖書』がこの代表である。他に、アメリカ先住民のレニ＝レナペ族では、大精霊が一本の木の幹から人間の男女を創造した。粘土をこねて人類を造る話も多く見られる。中国の女媧（4-8）の話のほか、沖縄、『旧約聖書』、メソポタミア、メラネシアのクァトの神話などがこれに相当する。おそらくこれは、土器や土偶を土から作っていたことからの類推であろう。人間は土で神の姿を作る。そのように、神もまた土で人間を作ったと考えるのだ。

メソアメリカの神話の場合は、ケツァルコアトルが取ってきた前の世の人間の骨に、神々が血を滴らせることで新たな人間が誕生した。つまり神々の血という犠牲の上に人間の存在が成り立っている。メソアメリカに特有の文化に「犠牲」がある。神々は自ら犠牲になって世界を造った。だから人間も犠牲を捧げて神々に感謝するのだ。人間創造の神話にも、そのような思考が反映されていると見ることができるだろう。

6-5

スサノオ【日本／男神】

酒を使って蛇退治

蛇退治神話が有名なスサノオであるが、単に武力で勝利したのではなく、酒を飲ませるという一種のトリックを用いて戦った。スサノオはさまざまな性質を表わす神であり、いたずらをはたらくトリックスターであるほか、英雄神であり、和歌を創始した文化神であり、また母や家族の女性に固着するマザーコンプレックスの神でもある。

†蛇退治の英雄神・戦神の側面

スサノオの最も名高い武勲《ぶくん》はヤマタノオロチ退治である。スサノオは出雲国の肥河《ひのかわ》の河上で、おじいさんとおばあさんが一人の少女を間に置いて泣いているのを見た。スサノオがわけを尋ねると、おじいさんが答えるには、「私は山の神オオヤマツミの子で名前をアシナヅチ、妻をテナヅチ、娘をクシナダヒメといいます。私には娘が八人いましたが、毎年ヤマタノオロチが襲ってきて、娘を食べてしまいました。今年もまたオロチがやって来る時期になったので、泣いていたのです」ということだった。スサノオは老人に、その娘を妻にくれるならオロチを退治してやろうと言った。老人は喜んで娘を差し上げましょうと答えた。

するとスサノオは、まず少女を櫛《くし》に変えて自分の髪に挿し、アシナヅチとテナヅチの老夫婦に命じて濃い酒を作らせ、また八つの門を開けた垣を張り巡らせ、八つの門ごとに台を設けさせ、その上に濃い酒を満たした酒桶《さかおけ》を準備させた。そうして待っていると、オロチが娘を食べにやって来て、八つの頭でそれぞれ酒を飲んで、そのまま酔って寝てしまった。するとスサノオは剣を抜いてオロチをずたずたに切り裂いた。このときオロチの身体から流れた血で、肥河は真っ赤に染まった。

スサノオがオロチの尾を切ったとき、剣の刃が欠けたので不審に思って見てみると、尾の中に素晴らしい剣があった。スサノオはそれを取り出してアマテラス（1-2）に献上した。これが皇室の三種の神器の一つ、のちの草薙剣《くさなぎのつるぎ》である。

†和歌の創始者はいたずら者でもあった

スサノオはクシナダヒメを連れて、出雲の須賀の地に新居の宮を造って住むことにした。スサノオが初めて須賀の宮を建てたとき、その地からさかんに雲が立ち上ったので、歌を詠んだ。「八雲立つ　出雲八重垣　妻籠みに　八重垣作る　その八重垣を」。そしてスサノオは、アシナヅチを呼んで自分の宮の首長に命じた。

このように英雄神・戦神として活躍する一方で、この神は「いたずら者の神・トリックスター」でもある。天上世界・高天原でさんざんいたずらをして姉のアマテラスを困らせ、岩屋籠りの原因を作った。オロチ退治においても、酒を飲ませるという一種のトリックを用いている。

†マザコン神

スサノオはマザーコンプレックスの神であることも指摘されており、生まれてから大人になるまで母イザナミ（7-2）を慕って泣き続けた。姉のアマテラスを母親代理と考えて執着したのもマザコンゆえであろう。その意味では、彼は英雄神としては失格かもしれない。英雄的行為である蛇殺しによって得た剣を、姉に献上してしまったからだ。さらに、娘のスセリビメ（4-9）に固着するという側面もあり、これもまたマザコンの反映であろう。吉田敦彦らによれば、このマザコン・スサノオは、日本男児の原型であるらしい。

6–6

セト【エジプト／男神】

悪神だが両義的

リビアから来た神と思われる。鰐《わに》と河馬《かば》の姿として崇拝された。天空の女神ヌトの第三子として、オシリス（7–4）、イシス（4–2）、ネフティスとともに生まれ、妹のネフティスと結婚した。セトは母の子宮から自身を引きちぎって、母の脇腹を破って生まれたともされた。

このような異常出生は他の地域の神話にも見られる。ギリシアのアテナ女神（2–1）はゼウス（1–9）の額から生まれた。インドのインドラ神（2–4）は母の胎内に千日留まり、脇腹から誕生した。仏陀は母マーヤーの右脇から生まれた。いずれにせよ英雄神や英雄的女神の偉大さをその出生に遡って物語っているものと思われる。

†兄神オシリスとの争い

ギリシア人のプルタルコスが著した『イシスとオシリスについて』という作品に、オシリスとセトの争いについて語られている。セトは、支配者として地上に平和をもたらした兄オシリスが憎かった。そこで大勢の仲間を呼び集め、兄の身体にぴったり合うサイズの棺《ひつぎ》を用意した。棺というとわれわれ日本人は地味で不吉な印象を持つが、エジプトではそうではなく、来世の存在を信じる彼らにとって、死後、美しく彩色がほどこされた立派な棺に入ることが望まれた。

セトは兄を呼び出すと、その中に彼を入らせ、蓋を閉じてナイル川へ投げ込んだ。オシリスの妻イシスがこの棺を探して長い旅をすることになった。身体にぴったり合う棺ということでは、「シンデレラ」の話が想起される。シンデレラの落とした、彼女にしか合わないサイズの靴が、彼女がシンデレラであることを証明したのだった。

セトは兄であるオシリスを殺害したあと、支配者の地位をめぐってオシリスの息子であるホルスとおよそ八十年にわたる激しい争いを繰り広げた。セトはホルスの眼を抉《えぐ》り出したが、ホルスはセトの睾丸《こうがん》を抜いた。このため睾丸はセトのシンボルとなった。長い戦いの末、ホルスはセトに勝利し、彼を鎖でつないで母イシスのもとへ行った。イシスはやさしくセトを解放してやったが、ホルスはこれに怒り、母イシスが頭につけている神の印をもぎ取った。

†蛇が恐れられる理由

セトはあらゆる悪しきことと結び付けられる。社会問題や異民族の侵入、犯罪、病気など、現代にいたるまで、これらの悪しきことはみなセトと結び付けられた。ギリシア人は彼を、ゼウスを殺害しようとして生み出された怪物のテュポンと同一視した。

彼は、常に太陽神ラー（1-18）を害しようとする混沌の蛇アペプと同一視されることがあるが、その同じ蛇から太陽神を守る役割も持っていた。両義的な神であったのだ。

セトは有害であるばかりではない。彼は金属の主として、その持ち物である錫杖《しゃくじょう》は四千五百貫もの重さがあるとされた。

儀礼においてはセトを表わす赤い雄牛が屠殺された。また、王が河馬を狩る儀礼が行われていたが、これはセトに対するホルスの勝利を表わしていた。

二十世紀以降、H・P・ラヴクラフトをはじめとする多くの作家たちによって創作された「クトゥルー神話」にセト神が出てくる。毒蛇の神であり、サタン、イグという蛇の暗黒神、ナイアルラトホテプというトリックスター的な悪神と同一視されている。

セトと蛇に関して、蛇は、人類が祖先の猿だった時代から、人類にとってほぼ唯一の捕食者であったようだ。したがって人類は本能のレベルで蛇を恐れる。悪神セトが蛇の姿でもあることには、彼の「悪」の側面が、彼の性質にとって根源的なものであったことが表わされている。

6-7
ヘルメス【ギリシア／男神】
ゼウスの有能なお使い神

ゼウス（1-9）と女神マイアの子。神々の伝令役を務める。つば広の帽子をかぶり、黄金づくりの杖ケリュケイオン（ラテン語でカドゥケウス）を持ち、足には羽の生えたサンダルを履いている。

†兄神アポロンを困らせる赤子ヘルメスの仕事

生まれ落ちた時からぐずるがしこく、赤子にしてゆりかごから自力で出てくると、遠くピエリアまで出かけていき、兄神アポロン（5-3）の飼牛を五十頭ほど盗んだ。足跡から行先が分からないようにするため、牛たちに靴を履かせていた。そしてピュロスへ連れていき、二頭を犠牲にして肉を焼いたり煮たりして楽しみ、残りは洞窟に隠しておいた。

キュレネに帰ると、一匹の亀を見つけてひらめき、その甲羅をはがして、そこに牛から取った腸の筋を七本張りわたして、はじめて竪琴《たてごと》を作った。

アポロンの方は牛を探してピュロスにたどりつき、ヘルメスの仕業であると知るや、マイアと赤子を責めた。赤子がそんなことをするはずがないとマイアが言うので、ゼウスのもとに行って審判を求めた。もちろんゼウスはすべてお見通しである。ヘルメスは兄神に牛を返そうとピュロスに赴いた。アポロンはしかし、その時ヘルメスが持っていた竪琴を見るや、牛はいらないからそれをくれと頼んだ。さらにヘルメスは葦笛《あしぶえ》を作って吹いて遊んだ。アポロンはこれも欲しがり、魔法の杖と交換にそれを手に入れた。これが名高いケリュケイオンの杖である。

のちにゼウスはヘルメスを神々の伝令使に任命した。

†トリックスターとはどんな神か

ヘルメス（モーガン作、18世紀）

ヘルメスは富、商売、盗人の神で、竪琴や葦笛のような楽器のほか、数学、天文、音楽などの発明者とされ、また旅人の守護者でもあった。この旅というのは、冥府に向かう死者の旅にも当てはまる。彼はあらゆる領域を行き来できる「魂の導き手　プシュコポンポス」の名を与えられている。

また彼は典型的なトリックスター神（いた

ずら者の神）である。
文化人類学者の山口昌男は、トリックスターの特性を以下の八つに集約している。
1　盗み・詐術による攪乱《じょうらん》
2　いたるところに姿を現わす迅速性
3　二つの世界をつなぐ
4　未知なるものを人間の世界にもたらす
5　常に動いているが、思わぬ失敗もする
6　王の召使
7　権威に対して挑戦的
8　王権の体現者
これにヘルメスを当てはめて考えてみると、1に関してはアポロンの牛盗み、2に関しては伝令使としてどこにでも赴く、3に関しては冥界にすら行き来する、4として竪琴と葦笛の創始者である、5に該当する話を思いつかないが、6としてはゼウスのお使い神であり、7と8には当てはまる要素はなさそうである。

このように見てみると、すべてではないにせよ、ヘルメスは典型的なトリックスターの特性の多くを表わしていると言える。

6-8

マウイ【ポリネシア／男神】典型的トリックスターの末っ子

マウイは、半分は人間で、半分は神であった。マウイが生まれたとき、父親が不老不死の命を与える呪文を間違えたので、神になり損ねた。未熟児のため、母タランガが、髪の毛にくるみ海に捨てた。祖先神に救われ、母と再会した。

マウイに関しては、太陽の運行を遅くした話、島を釣りあげた話、火をもたらした話、不老不死獲得に失敗した話などがある。

†太陽を罠にかける

マウイの四つの神話を順に見ていこう。最初は、マウイが太陽の運行を遅くした話だ。世界のはじまりの頃、太陽は駆け足で空を渡っていた。そのため昼間がとても短く、夜がとても長かった。そんなときにマウイが生まれて育った。マウイはとても賢い子供であった。マウイは、太陽の動きをなんとかして遅くしようと決意した。

マウイはロープで罠を作ると、兄たちと共にそれをしかけた。太陽は罠から逃れることができなかった。マウイは太陽をなぐったので、痛めつけられた太陽は、その後、空の道をゆっくり歩くようになり、昼間の時間が長くなった。

次に、島を釣りあげた話がある。マウイと兄が釣りに出たとき、マウイは年老いた女神からもらった、あごの骨で作った釣り針を持って行った。漁場で、マウイはその釣り針を海に入れた。すると、釣り針にかかったのは島であった。

†人が火を自在に使えるようになったのは……

マウイは、人間がいかにして火を自在に扱うことができるようになったかについても責任を持っている。ある日、マウイはいたずら心を起して、夜の間に村中の火を消して回り、新しく火をもらうため、祖先の女神マフイカのところに赴いた。彼はマフイカに懇願し、火を分けてもらったが、帰路につくとすぐにその火を消してしまい、再びマフイカのところに戻って火をもらった。マフイカは、爪に火を隠していたので、爪とともに火を与えた。

マウイは火をもらって帰路についたらすぐにそれを消して、マフイカのところに戻ってまた火をもらう、ということを何度も繰り返した。マフイカは手の爪を使い果たし、足の爪もあと一本を残すのみになった。ここに至って、遅くもマフイカはマウイが自分をからかっていることに気づき、最後の爪の火を地面に放って火の海にしてしまった。

マウイは逃げながら、雨の神タフィリを念じた。すると雨が降り、火は消えたが、世界から火がなくなってしまったかのようだった。しかし火は乾燥した樹木の中に入り、人々はそれらを摩擦することによって、それ以後、自由に火を使うことができるようになった。

†世界の秩序としての人間の死

次に紹介するのはマウイの最後の冒険である。マウイは半分は神で半分は人だったので、不老不死を得て本物の神になりたいと思った。そこで彼は死の女神ヒネ・ヌイ・テ・ポのもとへ行き、その脚のあいだから体内に入って口から出ることで、死の運命から永遠に解放されると考えた。マウイは鳥たちをお供に大女神のもとへ行き、鳥たちに「決して笑うな」と言っておいて、芋虫の姿になって女神の胎内に入ろうとした。すると孔雀鳩《くじゃくばと》が、我慢できずに笑ってしまった。女神は目を覚まし、芋虫のマウイをかみ殺してしまった。こうしてマウイは死に、人間も永遠に死から逃れられないようになった。

マウイは典型的なトリックスターである。そのいたずらによって、意図せずに、世界の秩序を作り出している。太陽の運行を、いまそうであるように遅くし、島を作り、火を、人間が自由に手に入れられるようにし、そして人間の死の運命という「世界の秩序」を定めた。いたずらもののマウイはこれらの大事業を成し遂げて、そしてあっけなく死んでいったのだった。

6-9

ルグ【ケルト／男神】

技芸に優れた万能の神

技芸に優れた万能の神で、ヌアダ王の後に王位に就く。特徴的な武器として槍を持つ。

†一つ眼の怪物退治

ある時ルグは、神々の王ヌアダが大宴会を催しているところに出かけて行き、門番に中に入れるよう言った。特殊技能を持たない者は中に入ることが許されない。ルグははじめ、「私は造り職人だ」と言うが、「それならすでにもういるから、お前はいらない」と門番が言う。次にルグは「私は鍛冶屋だ」と言うが、それもすでにいると言われる。ルグはひるまなかった。戦士、ハープ奏者、英雄、詩人、歴史家、妖術師、治療師、宴会の酌人、金属加工師を列挙する。しかしどれもすでにいるのだという。ところがルグは、「それなら、それらの技術を一人で全部持っているものはいるか」と聞くと、「それはいない」ということで、中に入るのを許された。

ルグに関して、神々の敵フォモーレ族との戦いで活躍した話もある。フォモーレにバロールという怪物がいて、眼が一つしかないのであるが、その眼は巨大で、そのまぶたを持ち上げるには四人の男の力が必要だった。そしてひとたびまぶたが持ち上げられると、その視界に入ったものは皆その場で凍り付き、命を落とすのであった。これを退治したのがルグである。かれは投石器で石を眼に向けて発射し、その石はバロールの眼を貫通した。バロールの眼の裏側に大きな穴が開き、彼の魔眼の力は背後のフォモーレ族を犠牲にしたのだった。このことからルグは、「長い腕のルグ」と呼ばれるようになった。

†王、戦闘、豊穣――すべての機能を合わせ持つ

ルグが一つ眼のバロールを殺害した話は、『旧約聖書』のダビデの話との類似が指摘されている。「サムエル記　上」において、ダビデは投石器と一個の石のみで、身の丈三メートルもあるような巨人のゴリアテを倒した。彼の額を石で打ち砕いたのだ。

ギリシアでは、オデュッセウスが一つ眼巨人のポリュペモスを、その一つの眼に焼けた杭《くい》を打ち込んで倒した話が知られている。眼が一つしかなく、その眼を攻撃されたという点で、バロールの話に通じるところがある。

ルグは神々の王にして職人でもある。このことは、インドにおいて、ヴィシュヴァカルマン（5-4）のような工作の神が、次第に物を造るだけでなく、世界そのものを造ったと考えられて創造神の地位に高められていったことを想起させる。

ルグはこのように優れた戦士であるが、様々な技芸に通じた神でもある。すでに述べたようにデュメジルが分析したインド＝ヨーロッパ語族の共通神話において、社会や神々は三つの階層に分けられていた。第一機能として聖性・王権、第二機能として戦闘、第三機能として豊穣がある。これらのうち、一つ眼のバロールを見事に退治したルグは戦闘に長けた第二機能の神であり、同時に王として第一機能の神でもある。さらに彼が門番に向かって言った技芸の中に、「治療師」が含まれており、医術は第三機能の領域であるので、ルグは第三機能の要素も持つ神であるといえる。つまりルグには三つの機能を総合するような性質を見て取ることができる。これは、同じケルトのダグダ神（1－10）においても見られた特徴である。ケルトの神話は、あるいは、神々を描写する際に、三つの機能を総合するような神を描く傾向にあったのかもしれない。

6-10 レグバ【アフリカ／男神】

自由な仲介者

西アフリカのベナンのフォン族で信仰される至高の母神マウーの七人の子のうち、末の息子。兄たちに教えられたそれぞれの言葉と、マウー自身の言葉を解することで、さまざまな世界を仲介する役割を担う。

†天と地が遠く隔たったのは……

レグバはマウーの僕《しもべ》のように働いていた。ある時レグバはその従属的な立場を覆そうと考え、いたずらを計画し、マウーのサンダルを履いて彼女のヤム芋をこっそり盗み、足跡を残しておいた。盗人探しが行われたが、レグバのいたずらのために、犯人は畑の持ち主であるマウー自身であるということになり、人々はあきれ返った。ひどく心を痛めたマウーはこれをきっかけに人々から遠く離れることにして、その時は地上からわずかしか離れていなかった天界に引きこもるようになった。

しかしマウーのレグバへの干渉は続き、レグバの立場は改善されなかった。そこでレグバは、一人の老女をそそのかして、洗濯後の汚い水を天界にかけさせた。するとマウーは天界を遠くに引き上げたので、以降、レグバは自由にふるまうことができるようになった。この時以来、天と地は、いまそうであるように遠く隔たっている。

†典型的なトリックスター

レグバはマウー自身の言葉と兄たちの全ての言葉を解することによって、天界と兄たちの治めるそれぞれの世界における唯一の仲介者となったが、異なる世界を行き来するのはトリックスターの特徴の一つである。マウーの芋を盗んだ話では、レグバはマウーのサンダルを履いて盗みを行っており、彼の機知が表わされている。マウーとの主従関係も、トリックスターがしばしば主神と行動を共にすることを想起させる。そして最後に天地を遠くに離したことによって、いまある世界の秩序を確立させている。

6-11

ロキ【北欧／男神】

トリックスターから悪神へ

ずるがしこさと変身によって神々に利することも、逆に神々を害することもある、両義的なトリックスターだが、最終戦争ラグナロクにおいては完全に悪神となり、神々と対決する。

いたずら好きの神ロキ（18世紀の写本より）

†巨人と馬の神話

ロキは雌馬に変身して八本脚の名馬を産んだとされる。神々の歴史の最初期のことであった。神々は城壁を造ろうとしていた。そこに一人の巨人が現われて、一年と半年で、巨人たちに対しても安全な城壁を造る代わりに、美の女神フレイヤ（4-18）と太陽と月をもらい受けたい、と提案した。神々は相談して、半年でそれを造ることができたら報酬を手にすることができるが、何か少しでもやり残したことがあったら報酬は与えないこと、それから巨人は一人でその仕事をしなければならないことを取り決めた。巨人はスヴァジルフェーリという名の牡馬の助けを借りることを認めるよう神々に要求し、神々はロキのとりなしでこれを呑んだ。

巨人と馬は信じられない速さで仕事をした。約束まであと三日という時には、城壁の門を残すのみとなっていた。神々はことの原因を作ったロキを脅した。事態を打開すべく、ロキは得意の変身の術で雌馬に変身し、巨人の牡馬スヴァジルフェーリの気を惹《ひ》いた。二頭は夜通し森を駆け巡り、巨人はその夜仕事をすることができなかった。巨人は怒りにかられたが、帰還したトール（2-9）によって倒された。

ロキとスヴァジルフェーリの間には、灰色で八本足の名馬スレイプニルが生まれた。これは世界でも類を見ない名馬であり、オーディン（1-6）の所有するものとなった。この馬の「灰色」のからだはこの馬がこの世のものではないことを示しており、それゆえに境界を越えることができる。実際スレイプニルは、オーディンやヘルモーズなどを死者の世界まで送り届けた。

ロキは盗まれたトールの必殺の武器ミョルニルを取り戻すため、花嫁に変装したトールに従う付き添い女になって、巨人の国を訪れ、巨人たちを欺いたこともある。いずれにせよ奸智《かんち》（わるがしこい知恵）と変装とともに、性別を自由に操ることもできたようだ。「バルドル殺し」の神話では、ロキは女に変身して神々の女王フリッグから、バルドルを唯一殺すことができるヤドリギの存在を聞き出している。

†最終戦争「ラグナロク」では巨人側で戦う

神々と巨人族は常に敵対しているが、両者の最終戦争が「ラグナロク」である。それ以前の神話では神々に利することもあり、神々と共に旅をしたこともあったロキは、ラグナロクでは一貫して神々と敵対する巨人族の側で戦う。彼と巨人族の女アングルボザとの間の子供がフェンリル狼とミズガルズ蛇と冥界の女王ヘルであるが、いずれもラグナロクに登場し、神々の強敵となる。ロキは神々の見張り番であるヘイムダッルと戦い、相討ちになって死ぬことになる。

おそらく善悪入り混じったトリックスターとしてのロキが古い層で、新たにキリスト教の影響を受けて、ラグナロクにおける悪魔的存在としてのロキが描かれることになったのであろう。

6-12

ワタリガラス【アラスカ／男神】　星と月と太陽の起源

ワタリガラスから人間に生まれ変わって、星と月と太陽を解放した。

†ほこり、赤ん坊、光の袋

世界にはまだ太陽も月もなかった。上の世界には大きな家があり、光を独占していた。ワタリガラスはその光を手に入れたいと考え、ほこりになって上の世界の家にある水の中に入り、その水を娘が飲んだ。これによって娘は懐妊し、やがて子を産んだ。赤ん坊は目を輝かせてあちこち動き回った。家にはいくつかの袋が掛けてあった。子供が少し大きくなると、何かを欲しがって泣いてばかりいた。祖父は、孫が欲しがっている星の袋をあげるように言った。子供はしばらく星で遊んでいたが、突然、煙突の穴から星を外へ放り出した。星は空に広がり、今見るような星々になった。

しばらくして、子供がまた大泣きを始めた。祖父は、月の袋を与えた。子供はそれでしばらく遊んだあと、煙突から上に放り投げた。こうして月は天に輝くようになった。次は太陽だった。同じようにして、太陽も天に輝くようになった。そのあと子供は「クァ！」

と言ってワタリガラスの姿になって煙突から出て行った。

†太陽と月の起源、日本の場合

太陽と月の起源はさまざまである。日本では、男神イザナキが川で禊《みそぎ》をした時に、左目から太陽のアマテラス（1-2）、右目から月のツクヨミ、鼻から暴風雨のスサノオ（6-5）が誕生した。他に、太陽がはじめ複数個あり、たいへん迷惑だったので弓の名手がひとつを残して射落とした、という話が中国に伝わっている。

コラム③マーダヴィー【インド】

インドの叙事詩『マハーバーラタ』の挿話に出てくる女性がマーダヴィーである。彼女は「四つの家系を確立させる者」とされていた。一方、ガーラヴァという名のバラモンがいて、師に謝礼として差し出す「片耳だけが黒い白馬八百頭」を探していた。ガーラヴァはマーダヴィーを連れて、諸国の王の元に赴いた。王はマーダヴィーと結婚して子をもうけることを望んだが、白馬を二百頭しかもっていなかった。マーダヴィーは、王と床を共にし、時満ちて一人の息子を産んだ。そのあとすぐに彼女は処女を回復した。他の二人の王の元でも同じように、それぞれ二百頭の馬のために一人ずつ息子をもうけた。六百頭の馬と共にガーラヴァが師のもとに帰ると、師はマーダヴィーとの間に一人の息子をもうけた。こうしてガーラヴァは師への恩返しを終え、旅立っていった。

奇妙な話であると思う。マーダヴィーは結婚して子を産むと処女に戻る、ということになっている。つまり処女であれば、男性にとっては確実に自分の子を産ませることができるという観念の表われである。さらに、インドの家庭では息子を得ることが望まれていた、というよりそのことが義務だとされていた。その背景には祖霊崇拝がある。祖霊は天界で神々と共に楽しく暮らしているが、ただし飢えと渇きを覚える。これを癒してくれるのが、子孫の捧げる供物なのである。祖先への儀礼を行うためには、どうしても男子が必要であった。そうでなければ祖霊が苦しむからだ。マーダヴィーが授かった「家系を存続させる」という恩寵は、このようにきわめて男性的な価値観から作られたものなのだ。

第７章

死神——最も恐るべき神々

いったんその世界に入れば帰ってくることはできない、死の国。その峻厳な掟を守護するのが死神たちだ。しかし死の国は、不毛であるばかりではない。死の国は地下であるとされることが多いが、地下界はまた豊穣の源でもある。したがってオシリスのように、冥界神でありかつ豊穣神でもあるという例もある。

『死者の書』に描かれたアヌビス（右から一番目）とミイラ

7-1

アヌビス【エジプト／男神】

冥界を守るジャッカル

オシリス（7-4）以前の葬祭神。後にオシリスの子とされる。ミイラ処置を司る。

†ミイラ作りを司る

「西方に住む者たちの第一のもの」という呼び名をもち、西方、すなわち死者の世界との近さを感じさせる。「ミイラ作りの場にいるもの」という呼び名において、彼はミイラ作りを司り、オシリスの遺体をミイラにしたのも彼であった。イヌ科ジャッカルの姿をしている。ジャッカルそのものである場合と、頭だけがジャッカルとなっている場合がある。

†犬と冥界との関係は？

神話でジャッカルを含む犬、イヌ科動物は死者の世界と関わりがある。インドでは死の神ヤマ（7-9）には二頭のまだらの犬が伴う。ギリシアにはケルベロスという三つ頭の冥界の番犬がいる。さて、なぜ犬なのか。

これを考えるために、古代世界における葬送の方法を考える必要がある。人体は七十〜

八十パーセントは水分であると言われる。したがって、現代世界において普通になされている火葬は、古代においては大事業であり、金持ちの特権でもあった。水に流すという水葬もあるが、これにはしばしば「死体が戻って来る」という現象が伴い、不吉であった。鳥葬というのもあり、死体を猛禽《もうきん》に食わせるのだが、これは合理的である。土が凍っていて掘り返せず土葬ができない、火葬にする木材などの燃料もない、流すような水もない、そのような環境では鳥葬という方法を採るしかなかっただろう。

土を掘り返せる土地においては、死体を土中に埋める。つまり土葬であるが、これは古代世界において多くの地域で行われていた。しかしこれは、よほど深くしっかり掘って埋めないと、犬が来て死体を食い荒らす。そのことが非常に恐れられた。

犬が神話で死の世界とつながるのは、そのような土葬の習慣から、墓地をうろつき回る犬を恐れながら見ていた古代人の心性によるものだろう。

7-2

イザナミ【日本／女神】

追いかけ呑みこむ女神

原初のときに生まれた女神。男神イザナキと対になっている。この二人が結婚して日本の国土と神々を生んだ。イザナキとイザナミは『日本書紀』でははっきりときょうだいであると書かれているので、この二人の結婚は明らかに近親相姦《そうかん》である。神話における原初の近親相姦は世界各地にしばしば見られるものだ。イザナミは国土と神々を産んだ「生」の女神であり、人間たちに死の運命を定めた「死」の女神でもあるという両義性をもつ。

†夫イザナキとの悲しき邂逅

イザナミは日本の国土を産んだのち、多くの神々を産んだが、火の神カグツチを産んだ時に、女性器を焼かれて死んでしまった。夫のイザナキは愛しい妻を一人の子供に奪われてしまったと言って激しく嘆き悲しみ、腰に佩《は》いていた剣でカグツチの頸《くび》を切った。

イザナキは死んでしまった妻にどうしても会いたくて、黄泉《よみ》の国まで追って行った。御殿の戸から迎えに出てきたイザナミに、イザナキは一緒に地上に帰ろうと頼む。イザナミは、自分はもう黄泉の国の食べ物を口にしてしまったから帰ることはできないが、せっかく来てくれたのだから黄泉の国の神と相談してみましょう、と答え、その間決して私の姿を見ないで下さいねと言って、御殿の中に入って行った。しかしイザナキはどうしても待ちきれず、髪に挿していた櫛《くし》の歯を一本折って、そこに火をつけて覗いてみると、女神の身体には蛆《うじ》がたかり、身体のあちこちに雷が出現していた。

驚き恐れたイザナキがあわてて逃げ帰ろうとすると、約束を破られて自分の姿を見られたことを恥じて怒ったイザナミが、ヨモツシコメ（黄泉の国の鬼女）たちにイザナキを追いかけさせた。イザナキは身につけていた髪飾りや櫛を投げながら逃げて、黄泉と地上の境にある黄泉比良坂《よもつひらさか》までやって来たとき、そこに生えていた桃の実を三つ取って投げると、黄泉の国の軍勢はことごとく退散した。

†この世の「死」と「生」の起源に

最後にイザナミ本人が追いかけてきた。それを見たイザナキは巨大な岩を引きずってきて、道を塞《ふさ》いだ。そしてその岩を挟んでイザナキとイザナミは、夫婦の別離の言葉を交わした。イザナミが「私はあなたの国の人々を、一日に千人殺しましょう」と言うと、イザナキは「それなら私は、一日に千五百の産屋を建てよう」と言った。こうして、一日に千人の人が死に、その代わりに一日に千五百人の人が生まれることになった。

この話はギリシア神話で楽人オルペウスが死んだ妻エウリュディケを連れ戻そうとする話とそっくりであることが指摘されているほか、黄泉の国で食べ物を口にすると地上に帰ることはできないという「ヨモツヘグヒ」のモチーフが表われている点でも、ギリシア神話の冥府の王ハデス（7-5）とその妃ペルセポネの話につながる。日本とギリシアでは地理的に相当隔たっているが、神話には似ているところが多く見つかる。内陸の騎馬遊牧民を介して間接的な文化交流があったためであろうと推測されている。

†産んだからには……という女神の役割

「口裂け女」の都市伝説はご存じだろうか。一九七九年に最初の流行があり、その後も何度か話題になった。マスクをした女性が学校帰りの子供に近づいてきて、「わたし、きれい？」と問う。「きれい」と答えると、「これでもきれい？」と言ってマスクを取る。すると、その口が耳まで裂けていた、というものだ。この「口裂け女」は、渡邉浩司や古川のり子に最初に指摘されたところでは、イザナミに通じるところがある。追いかけ、生命を「呑みこむ」恐ろしい女なのだ。女神は、産んだからにはその生命に最後まで責任を持たねばならない。死を与える役割をも負わねばならない。「口裂け女」にはそのような神話的思考が働いているものとみることができる。

7-3

エレシュキガル【メソポタミア／女神】

暗黒の冥界の女主人

名称はシュメール語で「冥界の女王」の意。姉妹にイナンナ／イシュタル（2-3）がいる。夫の神はネルガル。

†冥界に来た者は……

シュメール語の「イナンナの冥界降《くだ》り」の話の中にエレシュキガルが出てくる。地上の豊穣の女神イナンナが冥界にやって来たので（その意図は不明であるが）、神々の領域を侵犯したとして、エレシュキガルは姉妹であるイナンナに「死の目」を向けた。そして死体を釘にかけて三日三晩放置した。イナンナ配下のニンシュブルという女神があちこち奔走して助けを求め、ようやく知恵の神エンキ（3-4）の力を借りてイナンナを生き返らせた。しかし彼女が冥界を出るためには身代わりが必要であった。イナンナの夫のドゥムジ（3-12）が身代わりとなった。

同じ神話がアッカド語で「イシュタルの冥界降り」として残されている。イナンナとイシュタルは同じ女神であると考えてよいだろう。エレシュキガルは、イシュタルが冥界にやって来ると、七つの門を通るごとに衣装や宝石を奪わせた。エレシュキガルの前に来た時には、イシュタルは裸であった。エレシュキガルはイシュタルを宮殿に閉じ込めたが、そこは「埃《ほこり》がご馳走で、粘土が食事で、光を奪われた暗黒の家」であると表現される。

アッカド語の神話に「ネルガルとエレシュキガル」というものもある。天界の神であるネルガルが冥界の使者ナムタルに敬意を表さなかったので、罰として冥界に降された。ネルガルはエレシュキガルと七日間寝台を共にしたのだという。

†女の死神の二面性

世界の神話における死の神の男女比はほぼ同じくらいであろう。女神が死を司る場合、彼女はその内に生の要素も秘めている。日本のイザナミ（7-2）が典型である。イザナミは国土と神々を生み出した「生」の女神であり、死んで黄泉《よみ》の国に行くと、人間たちに死の運命を定めた「死」の女神でもある。エレシュキガルの場合、姉妹のイナンナ／イシュタルとの関連で考えると、この姉妹が表裏一体になって死と生を管轄しているものとみることができる。

7-4
オシリス【エジプト／男神】
生と死の大神

天空の女神ヌトと大地の男神ゲブの子。兄妹にセト（6-6）、イシス（4-2）、ネフティスがいる。イシスを妻とし、地上に平和と豊穣をもたらしたが、弟のセトに殺された。蘇ってのち、冥界の王となった。

†弟セトの仕打ち

ギリシア人のプルタルコスがオシリスについてのエジプト神話を残している。それによると、エジプトの支配者となったオシリスはイシスと協力して地上を治め、人々に農耕や神々への崇拝を教えた。これを快く思わなかった弟のセトは、仲間を呼び集めてオシリスの身体の大きさに合った棺《ひつぎ》を用意した。

棺というとわれわれはシンプルな箱を思い浮かべるが、エジプトの棺は彩色が豊かにほどこされた立派なものであった。セトは、その棺に入って身体がぴったり合った者にこれをあげよう、と言う。当然、棺はオシリスにぴったりであった。オシリスが棺に身を横たえた瞬間、セトと仲間は蓋を固く閉じて釘を打ち、棺ごとオシリスをナイル川に沈めた。

棺は北へと流れていった。

悲しみにくれた妻イシスは棺を追っていき、王宮の建材となっていたオシリスの棺を見つけて取り戻した。イシスはエジプトに戻ってくると、オシリスの棺を隠しておいたが、セトがこれを見つけ、オシリスの身体を十四の断片に切り刻んで別々の場所に埋めた。ここでいう十四という数は、月の満ち欠けの数と関連があるかもしれない。農耕と関わるオシリスが月と結びつくのは必然であったともいえる。イシスがばらばらにされたオシリスの身体を探し出したが、一か所、オシリスの生殖器だけはみつけることができなかった。魚となったセトが食べてしまったともいう。オシリスは蘇り、冥界の王となった。

オシリスとイシスの息子ホルスと、セトとの間で、オシリスの後継者の地位をめぐって長い争いが起きたが、最終的にホルスが勝利した。

†日本神話オオクニヌシとの共通点

ここで紹介したオシリス神話は、日本神話のオオクニヌシ（3-5）と似ているところがある。まずは「木の中に入って死に、そこから出て蘇生する」というモチーフである。オオクニヌシは兄である八十神《やそがみ》に木の中に無理やり入れられて、木に挟まれて死んでしまった。母神サシクニワカヒメが木の中から息子を取り出して蘇生させた。

他方、エジプトの棺は木製である。さらにオシリスの棺はヒースの木の中に取り込まれていた。したがってオシリスもオオクニヌシも、木の中で死に、そこから出てきて蘇っている。これに関して、木の幹から誕生したアドニスの話とも比較できるかもしれない。いずれにせよ、これら三神は豊穣や植物と関連する。

オシリスとオオクニヌシはまた、どちらも農耕を地上に広める役割を果たした。オシリスは葡萄《ぶどう》の栽培を広めたとされているが、オオクニヌシはこびとの神であるスクナビコナと協力して、粟《あわ》をはじめとする雑穀栽培を地上に広めた。

オシリスとオオクニヌシに関してもう一つ、冥界の王となるという点も共通している。オシリスはイシスによって蘇り、その後冥界の王となった。オオクニヌシは、地上を豊かな地に変えたあと、その地上世界をアマテラス（1-2）の子孫に譲り、自らは幽世《かくりよ》の主となった。冥界と幽世は似たものと考えてよいだろう。

つまりオシリスとオオクニヌシは、①木の中で死んで蘇る、②農業を地上に広める、③冥界の王となる、という点で特徴的な類似を示しているのだ。

オシリスの身体にぴったりの大きさの棺が作られる話は、「シンデレラ」の靴を彷彿とさせる。オシリスにとっては死へといざなうものとなった棺だが、シンデレラにとっての靴は幸福な結婚への道標となった。

7-5

ハデス【ギリシア／男神】

妻を誘拐して溺愛

ゼウス（1-9）の弟。冥界の王。プルトンとも呼ばれ、その場合富の神としての側面を表わす。「地下界のゼウス」として権力をふるう。

†冥界の王、植物の女神を誘拐する

直接の「死」の神ではない。「死」はタナトスという老人の姿の神である。ハデスは冥界の王として、王妃ペルセポネと共に君臨する。

ハデスは姪にあたる植物の神ペルセポネを誘拐して冥界に連れ帰り、無理やり妃にした。これによりペルセポネの母神デメテル（3-10）が怒って地上に作物が実らなくなり、皆が困窮したので、ペルセポネは地上に帰れることになった。そのペルセポネの口に、ハデスは柘榴《ざくろ》の実を押し込んだ。

冥界で食べ物を摂ると、冥界との関連を完全に断ち切ることができなくなる。そこでペルセポネは一年の三分の二を母神と共に、三分の一をハデスのもとで、暮らすことになった。

†冥界で「食べる」とどうなるか

ペルセポネは冥界で柘榴の実を食べ、これによって冥界との関連を断ち切ることができなくなったが、これは「ヨモツヘグヒ・モチーフ」であり、日本にも、世界の他地域にも類話がある。日本では、黄泉《よみ》の国で原初の女神イザナミ（7-2）が、黄泉の国の食べ物を食べたから地上に帰ることができない、と言っている場面がある。

ハデスによるペルセポネの略奪（ミニャール作、17世紀）

日本のアニメ映画『千と千尋の神隠し』にもこのモチーフが別の形で出てくる。千尋は異界に紛れ込むが、そこでその姿を維持するためには異界の食べ物を口にしなければならない。その世界に属さなければ消えてしまうのだ。そこでハクという青年が、千尋に飴玉のようなものを食べさせる。また、ハクが千尋におにぎりを食べさせる場面もあるが、これも同じ意味を持つと見てよいだろう。

7-6

ヘカテ【ギリシア／女神】

呪術と魔法を用いる黄泉の女神

狩猟の女神にして後に月の女神となるアルテミスと似た性質を持ち、同一視されることもある。ヘシオドス『神統記』によればアルテミスの叔母である。ティタン族の娘として生まれ、不思議なほどにゼウス（1-9）の尊敬を受け、人間に名誉と勝利を授けるものとされた。競技、航海、漁業、牧畜などを司る。後に、冥界の女神。

†三叉路の女神

アルテミスの分身のように考えられていたが、のちに「三叉路の女神」とされ、旅行者や商人、盗賊などに信仰された。家々で祀られているヘカテ像は三つの面を持つことが多く、その三つは、天の女神セレネ、地のアルテミス、死の世界のヘカテとされた。夜道の支配者として、妖怪らを引率し、魔法などの指導者としての側面も表わすようになった。家畜の支配者でもあり、それらの増殖と、その反対の数の抑制をも司った。

黄泉《よみ》の神として、王ハデス（7-5）と女王ペルセポネに次ぐ地位にあった。

†やがて魔女の原型に

もとは大いなる女神、大地女神であったと考えられる。それがギリシアの男神優位の世界観の中で変質し、多岐にわたるものの、職能女神の一人として、道や黄泉の国と関連付けられた。旅行者や商人、時に泥棒の女神である点では、ヘルメス（6-7）とも同質的なところがある。ヘルメスもまた、道の守り神であり、商人と泥棒の守り神と考えられていた。

ヘカテは魔女の原型と言ってもよいだろう。松明《たいまつ》を手に、地獄の猛犬を従えて暗い夜道を疾駆する恐るべき女神でもあったからだ。その毛髪は蛇であるともされる。

三つの面を持つヘカテ像

7-7 北斗星君【中国／男神】

死を司る星の神

死を司る。彼が持つ帳面には人間たちの寿命が記されているとされる。生を司る南斗星《なんと》君と対になっている。

†碁を打つ二人と少年の寿命

短命の少年が北斗《ほくと》星君《せいくん》に寿命を延ばしてもらった神話が伝えられている。顔《がん》少年は物知りの管輅《かんろ》に「おまえの寿命は二十を前に尽きる」と言われ、寿命をのばすための方策を教わった。少年は酒と干し肉を用意し、大きな桑の木の下で碁《ご》を打っている二人の男の側に行き、黙って酒をつぎ、肉を差し出した。二人の男は碁に夢中で、少年に見向きもせずに酒を飲み肉を食べた。

碁を打ち終わると、北側に座っている男が少年に気づき、「どうしてこんなところにおるのだ」と叱った。少年は頭を下げるだけで何も答えなかった。あらかじめ管輅に、「何を言われても決して口をきいてはならない」と注意を受けていたからだ。

すると南側に座っている男が、「さっきからずっとこの子の酒や肴《さかな》をごちそうになっているのだから、つれなくしたらかわいそうだよ」ととりなした。南側の人は北側の人から台帳を受け取り、そこに「寿命十九前後」と書いてあるのを見ると、筆を執って十と九を逆さまにする符号を入れた。こうして少年の寿命は九十になった。

北側に座っていた人は北斗星君で、南側に座っていた人は南斗星君である。南斗は人間の生を扱う星で、北斗は人間の死を扱う星である。

†碁盤、碁石、無口のメタファー

北斗星君と南斗星君が碁をしていたというところには意味がある。まず碁盤は中国の人々にとっての理想の世界像である。碁盤の目のように整然と区画されているのが理想とされたのだ。

その世界そのものである碁盤に白と黒の石を打っていくのであるが、この石は陰陽の気を表わしている。白が陽の気、黒が陰の気だ。世界のあらゆるものはこの陰と陽の気から成り立っているとされる。そしてその石を世界そのものである碁盤に打っていく、これはすなわち「世界そのものを動かす」営みなのだ。

顔少年は管輅に「決して口をきいてはならない」と禁止を課され、それを守ることで寿命を長くしてもらうことに成功した。この禁止は、碁という世界を動かす「聖」なる営みの最中に、人間である顔少年が「俗」を持ち込むことがないように、との意味が込められている。「聖」と「俗」は隔てられなければならないが、顔少年はその境界にいた。そこで、その境界を守るために、「口をきいてはならない」という禁止が必要だったのだ。

†沖縄の神話にも

この中国の話と似た話が沖縄にも見られることが報告されている。

ある子どもが、物知りの人に貴方の寿命は十八歳までと言われる。寿命を延ばすために、家族揃って山奥で囲碁をする二人の老人にご馳走を持って行く。そのご馳走に気づかずに二人は碁を打っているが、朝になり人のご馳走を食べていることに気づき、そのお礼として寿命を管理する帳面の記録を八十八歳までとする。二人の老人は寿命を管理する南斗星と北斗星である。

この話は中国から沖縄までは伝わったが、日本の本土には伝わらなかったようである。

7-8

ミクトランテクトリ【メソアメリカ／男神】

頭蓋骨の姿の死神

死者の国ミクトランの主。妻のミクテカシワトルと共に地下界を支配する。

†ケツァルコアトルへの仕打ち

真っ白な骸骨に血が点々とついた姿で表わされる。知力に欠けており、神々にすぐにだまされる。ケツァルコアトル（6-4）が人間を造るためにミクトランに前の世代の人間の骨を取りに行く話では、ミクトランテクトリははじめは骨を与えるが、途中で気が変わってケツァルコアトルを落とし穴に落として殺してしまう。結局、ケツァルコアトルは生き返り、持って帰った骨を使って人間を造ったのだった。

メキシコ中央高原では、人は死後、川を渡って死者の国にいくのだという。その時には、犬が霊魂を助ける。それで、ミクトランテクトリは犬の守護者でもある。

死者が死後に川を渡るという観念は、日本の三途《さんず》の川を想起させる。またギリシアでもステュクス川が似たはたらきをしている。

7-9

ヤマ【インド／男神】

閻魔大王。情けで死者の魂を返してあげることも

最初の人間にして最初の死者であり、死の道を発見した。その住居ははじめ天界にあるとされ、祖霊とともに楽しく暮らすのだという。後に、インドにおける来世観が変化し、その住居も地下に移り、罪人を裁く神として考えられるようになった。仏教を通じて日本に入り、閻魔王《えんまおう》と呼ばれている。

†死んだ夫を蘇らせる神話

叙事詩『マハーバーラタ』に、死んだ夫を蘇らせるサーヴィトリーの話がある。サーヴィトリーが自ら選んだ夫のサティヤヴァットは、一年後に命を落とすという定めであった。果たしてそのときが来ると、死神ヤマが現われた。黄色い衣をまとい、冠をつけ、太陽のように輝き、赤い眼をし、輪縄を手にした美しい男であった。彼はサティヤヴァットの身体から親指ほどの大きさの魂を輪縄で縛って引き抜いた。ヤマはそれを持って南方に帰ろうとした。そこにサーヴィトリーがヤマを引きとめ、「善き人々」などについての教説を長々と話して聞かせた。心を動かされたヤマは、ついにサティヤヴァットの魂を返して生

き返らせてやった。

†オルペウス型神話の類型

死んだ配偶者を蘇らせるために冥界に赴く話が世界のいくつかの地域にあり、「オルペウス型」と呼ばれている。ギリシアのオルペウス神話は死んだ妻を連れ戻しに夫が冥界に行くが、そこで課された禁忌を破ったために妻を生き返らせることに失敗し、一人で地上に戻る、という話である。ただし、とくに南海地方の「オルペウス型」では、妻を生き返らせることに成功する場合も多い。

このサーヴィトリーの話は、冥界に行ったわけではないが、夫の魂を死神から取り戻すことに成功している。また、オルペウス型が死んだ妻を生き返らせる夫の話であることを考えると、男女の役割も逆転している。つまり二重に逆転しているわけであるが、これは神話としてはよくある構造であり、サーヴィトリーの物語は「逆・オルペウス型神話」とも名付けることができるだろう。

神名索引

（ゴチック体は、その神を解説する主項目の頁を示す）

【ア行】

【カ行】

【サ行】

【タ行】

【ハ行】

【マ行】

【ヤ行】

【ラ行】

【ワ行】

参考文献一覧

第１章

イオンズ、ヴェロニカ『エジプト神話』（酒井傳六訳）青土社、1991 年
大林太良、伊藤清司、吉田敦彦、松村一男編『世界神話事典　創世神話と英雄伝説』角川ソフィア文庫、2012 年
沖田瑞穂編訳『インド神話』岩波少年文庫、2020 年
沖田瑞穂『マハーバーラタ、聖性と戦闘と豊穣』みずき書林、2020 年
上村勝彦訳『原典訳　マハーバーラタ』第４巻、ちくま学芸文庫、2002 年
呉茂一『新装版　ギリシア神話』新潮社、1994 年
坂井弘紀「ウルゲン」『神の文化史事典　新版』（松村一男、平藤喜久子、山田仁史編）白水社、2023 年
菅原邦城『北欧神話』東京書籍、1984 年
タウベ、カール『アステカ・マヤの神話』（藤田美砂子訳）MARUZEN BOOKS、1996 年
高井啓介「マルドゥック」『神の文化史事典　新版』（松村一男、平藤喜久子、山田仁史編）白水社、2023 年
月本昭男訳・注解『バビロニア創世叙事詩　エヌマ・エリシュ』ぷねうま舎、2022 年
中村元『中村元選集［決定版］第８巻　ヴェーダの思想』春秋社、1989 年
パリンダー、ジェフリー『アフリカ神話』（松田幸雄訳）青土社、1991 年
ヒネルズ、ジョン・R『ペルシア神話』（井本英一、奥西峻介訳）青土社、1993 年
ポイニャント、ロズリン『オセアニア神話』（豊田由貴夫訳）青土社、1993 年
ボンヌフォワ、イヴ『世界神話大事典』（金光仁三郎訳者代表）大修館書店、2001 年
マッカーナ、プロインシァス『ケルト神話』（松田幸雄訳）青土社、1991 年
松村武雄編、大貫良夫・小池佑二解説『マヤ・インカ神話伝説集』社会思想社、1984 年
ミランダ、オルドハウス＝グリーン『ケルト神話』（倉嶋雅人訳、井村君江監訳）スペクトラム出版社、2018 年
矢島文夫『エジプトの神話』ちくま文庫、1997 年
吉田敦彦、古川のり子『日本の神話伝説』青土社、1996 年
吉田敦彦編『世界の神話 101』新書館、2000 年
渡邉浩司「ダグダ」『神の文化史事典　新版』（松村一男、平藤喜久子、山田仁史編）白水社、2023 年

第２章

大林太良、伊藤清司、吉田敦彦、松村一男編『世界神話事典　創世神話と英雄伝説』角川ソフィア文庫、2012 年
岡田明子、森雅子「イナンナ／イシュタル」『世界女神大事典』（松村一男、森

雅子、沖田瑞穂編）原書房、2015 年
沖田瑞穂「ハヌマーン」『世界の神話　英雄事典』（吉田敦彦編）河出書房新社、2019 年
上村勝彦『インド神話』ちくま学芸文庫、2003 年
呉茂一『新装版　ギリシア神話』新潮社、1994 年
菅原邦城『北欧神話』東京書籍、1984 年
タウベ、カール『アステカ・マヤの神話』（藤田美砂子訳）MARUZEN BOOKS、1996 年
デュメジル、ジョルジュ『神々の構造』（松村一男訳）国文社、1987 年
平藤喜久子『神話学と日本の神々』弘文堂、2004 年
古川のり子「ヤマトタケル（倭建命、日本武尊）」『世界の神話　英雄事典』（吉田敦彦編）河出書房新社、2019 年
マッカーナ、プロインシァス『ケルト神話』（松田幸雄訳）青土社、1991 年
松村一男『女神誕生　処女母神の神話学』講談社学術文庫、2022 年
松村一男『はじめてのギリシア神話』ちくまプリマー新書、2019 年
ミランダ、オルドハウス＝グリーン『ケルト神話』（倉嶋雅人訳、井村君江監訳）スペクトラム出版社、2018 年
吉田敦彦『日本神話と印欧神話』弘文堂、1974 年
渡辺和子「ギルガメシュ叙事詩」『世界の神話 101』（吉田敦彦編）新書館、2000 年
渡邉浩司「モリーガン」『世界女神大事典』（松村一男、森雅子、沖田瑞穂編）原書房、2015 年
渡邉たまき「ハヌマーン（ハヌマット）」『神の文化史事典　新版』（松村一男、平藤喜久子、山田仁史編）白水社、2023 年

第3章

イェンゼン、ＡＤ・Ｅ『殺された女神』（大林太良、牛島巌、樋口大介訳）弘文堂、1977 年
伊藤清司『中国の神話伝説』東方書店、1996 年
沖田瑞穂「ヒルコとアルナ」『マハーバーラタ、聖性と戦闘と豊穣』みずき書林、2020 年
沖田瑞穂「カーマ」『神の文化史事典　新版』（松村一男、平藤喜久子、山田仁史編）白水社、2023 年
グレイ、ジョン『オリエント神話』（森雅子訳）青土社、1993 年
呉茂一『新装版　ギリシア神話』新潮社、1994 年
笹尾典代「マヤウエル」『世界女神大事典』（松村一男、森雅子、沖田瑞穂編）原書房、2015 年
菅原邦城『北欧神話』東京書籍、1984 年
谷口智子「ラテンアメリカにおけるエロスと暴力――征服のトラウマとしてのインカリ神話と民衆劇」『性愛と暴力の神話学』（木村武史編）晶文社、2022 年
辻田明子「エンキ（エア）」『神の文化史事典　新版』（松村一男、平藤喜久子、山田仁史編）白水社、2023 年

平山東子「フロラ（フローラ）」『世界女神大事典』（松村一男、森雅子、沖田瑞穂編）原書房、2015 年
松村一男『はじめてのギリシア神話』ちくまプリマー新書、2019 年
ミラー、メアリ／タウベ、カール『図説　マヤ・アステカ神話宗教事典』（増田義郎監修、武井摩利訳）東洋書林、2000 年
山田仁史「コーン・メイドン」『神の文化史事典　新版』（松村一男、平藤喜久子、山田仁史編）白水社、2023 年
吉田敦彦『日本神話の深層心理』大和書房、2012 年
吉田敦彦『アマテラスの原像』青土社、1987 年
吉田敦彦『ギリシァ神話と日本神話』みすず書房、1974 年
吉田大輔「テリピヌ」『神の文化史事典　新版』（松村一男、平藤喜久子、山田仁史編）白水社、2023 年

第 4 章

イオンズ、ヴェロニカ『エジプト神話』（酒井傳六訳）青土社、1991 年
伊藤清司『中国の神話伝説』東方書店、1996 年
ウィルキンソン、リチャード『古代エジプト神々大百科』（内田杉彦訳）東洋書林、2004 年
沖田瑞穂「ガンガー」『世界女神大事典』（松村一男、森雅子、沖田瑞穂編）原書房、2015 年
沖田瑞穂「シュリー」『世界女神大事典』（松村一男、森雅子、沖田瑞穂編）原書房、2015 年
沖田瑞穂「ティローッタマー」『世界女神大事典』（松村一男、森雅子、沖田瑞穂編）原書房、2015 年
沖田瑞穂『マハーバーラタの神話学』弘文堂、2008 年
荻原眞子『いのちの原点「ウマイ」』藤原書店、2021 年
荻原眞子「セドナ」『世界女神大事典』（松村一男、森雅子、沖田瑞穂編）原書房、2015 年
小倉泰、横地優子訳注『ヒンドゥー教の聖典　二篇　ギータ・ゴーヴィンダ　デーヴィー・マーハートミャ』平凡社、2000 年
呉茂一『新装版　ギリシア神話』新潮社、1994 年
後藤明「ヒナ（ヒネ）」『世界女神大事典』（松村一男、森雅子、沖田瑞穂編）原書房、2015 年
菅原邦城『北欧神話』東京書籍、1984 年
タウベ、カール『アステカ・マヤの神話』（藤田美砂子訳）MARUZEN BOOKS、1996 年
田澤恵子「セクメト」『世界女神大事典』（松村一男、森雅子、沖田瑞穂編）原書房、2015 年
ディー、ジョナサン『図説　エジプト神話物語』（山本史郎、山本泰子訳）原書房、2000 年
平山東子「テティス（テーテュース）」『世界女神大事典』（松村一男、森雅子、沖田瑞穂編）原書房、2015 年
古川のり子「スセリビメ」『世界女神大事典』（松村一男、森雅子、沖田瑞穂

編）原書房、2015年
森雅子『神女列伝』慶應義塾大学出版会、2013年
森雅子「西王母」『神の文化史事典　新版』（松村一男、平藤喜久子、山田仁史編）白水社、2023年
森雅子「女媧」『神の文化史事典　新版』（松村一男、平藤喜久子、山田仁史編）白水社、2023年
矢島文夫『エジプトの神話』ちくま文庫、1997年
安村典子『ゼウスの覇権　反逆のギリシア神話』京都大学学術出版会、2021年
吉田敦彦『小さ子とハイヌウェレ』みすず書房、1976年
吉田敦彦、古川のり子『日本の神話伝説』青土社、1996年
渡邉浩司「メリュジーヌ」『世界女神大事典』（松村一男、森雅子、沖田瑞穂編）原書房、2015年

第5章

井村君江『ケルトの神話』ちくま文庫、1990年
ウィルキンソン、リチャード『古代エジプト神々大百科』（内田杉彦訳）東洋書林、2004年
上村勝彦訳『原典訳　マハーバーラタ』第5巻、ちくま学芸文庫、2002年
呉茂一『新装版　ギリシア神話』新潮社、1994年
デュメジル、ジョルジュ『神々の構造』（松村一男訳）国文社、1987年
中村元『中村元選集［決定版］第8巻　ヴェーダの思想』春秋社、1989年
マッカーナ、プロインシァス『ケルト神話』（松田幸雄訳）青土社、1991年
ミランダ、オルドハウス＝グリーン『ケルト神話』（倉嶋雅人訳、井村君江監訳）スペクトラム出版社、2018年
山形孝夫『治癒神イエスの誕生』ちくま学芸文庫、2010年
渡邉浩司「ディアン・ケーフト」『神の文化史事典　新版』（松村一男、平藤喜久子、山田仁史編）白水社、2023年

第6章

アルパーズ、アントニー編著『ニュージーランド神話』（井上英明訳）青土社、1997年
イオンズ、ヴェロニカ『エジプト神話』（酒井傳六訳）青土社、1991年
ウィルキンソン、リチャード『古代エジプト神々大百科』（内田杉彦訳）東洋書林、2004年
沖田瑞穂「第15章　インド」『世界の神話　英雄事典』（吉田敦彦編）河出書房新社、2019年
荻原眞子「第11章　アイヌ」『世界の神話　英雄事典』（吉田敦彦編）河出書房新社、2019年
加藤隆浩「ケツァルコアトル」『神の文化史事典　新版』（松村一男、平藤喜久子、山田仁史編）白水社、2023年
河合隼雄、湯浅泰雄、吉田敦彦『日本神話の思想　スサノヲ論』ミネルヴァ書房、1996年

木村武史「第18章　北米諸先住民族」『世界の神話　英雄事典』（吉田敦彦編）河出書房新社、2019年
呉茂一『新装版　ギリシア神話』新潮社、1994年
菅原邦城『北欧神話』東京書籍、1984年
タウベ、カール『アステカ・マヤの神話』（藤田美砂子訳）MARUZEN BOOKS、1996年
辺見葉子「第5章　ケルト」『世界の神話　英雄事典』（吉田敦彦編）河出書房新社、2019年
マッカーナ、プロインシァス『ケルト神話』（松田幸雄訳）青土社、1991年
ミランダ、オルドハウス＝グリーン『ケルト神話』（倉嶋雅人訳、井村君江監訳）スペクトラム出版社、2018年
矢島文夫『エジプトの神話』ちくま文庫、1997年
山口昌男『道化の民俗学』岩波現代文庫、2007年
吉田敦彦「悪戯者の神レグバの話」『世界の神話101』（吉田敦彦編）新書館、2000年
吉田敦彦、古川のり子『日本の神話伝説』青土社、1996年
吉田敦彦編『世界の神話　英雄事典』（吉田敦彦編）河出書房新社、2019年
渡邉浩司「ルグ」『神の文化史事典　新版』（松村一男、平藤喜久子、山田仁史編）白水社、2023年

第7章

伊藤清司『中国の神話伝説』東方書店、1996年
ウィルキンソン、リチャード『古代エジプト神々大百科』（内田杉彦訳）東洋書林、2004年
大室幹雄『囲碁の民話学』岩波現代文庫、2004年
岡田明子、森雅子「エレシュキガル」『世界女神大事典』（松村一男、森雅子、沖田瑞穂編）原書房、2015年
沖田瑞穂『怖い女』原書房、2018年
沖田瑞穂「サーヴィトリー」『世界女神大事典』（松村一男、森雅子、沖田瑞穂編）原書房、2015年
加藤隆浩「ミクトランテクトリ」『神の文化史事典　新版』（松村一男、平藤喜久子、山田仁史編）白水社、2023年
呉茂一『新装版　ギリシア神話』新潮社、1994年
辻直四郎訳『リグ・ヴェーダ讃歌』岩波文庫、1970年
丸山顕徳『口承神話伝説の諸相』勉誠出版、2012年
ミラー、メアリ／タウベ、カール『図説　マヤ・アステカ神話宗教事典』（増田義郎監修、武井摩利訳）東洋書林、2000年
矢島文夫『エジプトの神話』ちくま文庫、1997年
吉田敦彦、古川のり子『日本の神話伝説』青土社、1996年

ちくま新書
1774

世《せ》界《かい》の神々《かみがみ》100

二〇二四年一月一〇日　第一刷発行

著者　沖田瑞穂（おきた・みずほ）
発行者　喜入冬子
発行所　株式会社　筑摩書房
東京都台東区蔵前二-五-三　郵便番号一一一-八七五五
電話番号〇三-五六八七-二六〇一（代表）
装幀者　間村俊一
印刷・製本　株式会社　精興社

本書をコピー、スキャニング等の方法により無許諾で複製することは、法令に規定された場合を除いて禁止されています。請負業者等の第三者によるデジタル化は一切認められていませんので、ご注意ください。
乱丁・落丁本の場合は、送料小社負担でお取り替えいたします。
© OKITA Mizuho 2024　Printed in Japan
ISBN978-4-480-07600-7 C0298

ちくま新書

1692
ケルトの世界
――神話と歴史のあいだ
疋田隆康
日本でも人気の高いケルト文化。だが、その内実については激しい論争が展開されてきた。彼らは何者なのか？神話と歴史学を交差させ、ケルト社会の実像に迫る。

1286
ケルト 再生の思想
――ハロウィンからの生命循環
鶴岡真弓
近年、急速に広まったイヴェント「ハロウィン」。この祭りに封印されたケルト文明の思想を解きあかし、古代ヨーロッパの精霊を現代へよみがえらせる。

1481
芸術人類学講義
鶴岡真弓編
人類は神とともに生きることを選んだ時、「創造する種」として歩み始めた。詩学、色彩、装飾、祝祭、美術の観点から芸術の根源を問い、新しい学問を眺望する。

1255
縄文とケルト
――辺境の比較考古学
松木武彦
新石器時代、大陸の両端にある日本とイギリスは独自の非文明型の社会へと発展していく。二国を比較することでわかるこの国の成り立ちとは？　驚き満載の考古学！

1295
集中講義！　ギリシア・ローマ
桜井万里子
本村凌二
古代、大いなる発展を遂げたギリシアとローマ。これらの歴史を見比べると、世界史における政治、思想、文化の原点が見えてくる。学びなおしにも最適な一冊。

1169
アイヌと縄文
――もうひとつの日本の歴史
瀬川拓郎
北海道で縄文の習俗を守り通したアイヌ。その文化から日本列島人の原郷の思想を明らかにし、日本人にとって、ありえたかもしれないもうひとつの歴史を再構成する。

1662
インド宗教興亡史
保坂俊司
ヒンドゥー教とそのライバル宗教で読み解くインド文明史。仏教、ジャイナ教、ゾロアスター教、イスラム教、シク教、キリスト教。インドでの教え、対立、融和。